Wolfgang Adolf Gerle

Prag für Freunde und Einheimische

AF131954

EUROPÄISCHER
HOCH
SCHUL
VERLAG

Gerle, Wolfgang Adolf

Prag für Freunde und Einheimische

ISBN: 978-3-86741-304-6

Auflage: 1
Erscheinungsjahr: 2010
Erscheinungsort: Bremen, Deutschland

Cover: Bildausschnitte aus Gemälden von Vaclav Jansa.

Bei diesem Titel handelt es sich um den Nachdruck eines historischen, lange vergriffenen Buches aus dem Verlag Borrosch's Buchhandlung, Prag (1830). Da elektronische Druckvorlagen für diese Titel nicht existieren, musste auf alte Vorlagen zurückgegriffen werden. Hieraus zwangsläufig resultierende Qualitätsverluste bitten wir zu entschuldigen.

Wolfgang Adolf Gerle

Prag für Freunde und Einheimische

EUROPÄISCHER
HOCH
SCHUL
VERLAG

Prag

und

seine Merkwürdigkeiten.

Für

Fremde und Einheimische

von

W. A. Gerle.

Zweite vermehrte und verbesserte Auflage.

Prag,

in A. Borrosch's Buchhandlung.

1830.

Vorwort zur zweiten Auflage.

Als mir vor ungefähr fünf Jahren die Verlags-
handlung dieses Büchleins das schmeichelhafte
Vertrauen schenkte, ein gedrängtes Gemälde
meiner Vaterstadt von mir zu verlangen, welches
eines Theils dem Reisenden als freundlicher
Führer dienen möge, während es zugleich die
Eingebornen an die Merkwürdigkeiten der Heimath erinnerte, war ich nicht eitel genug, mir
mit der Hoffnung zu schmeicheln, daß mir sobald
das Vergnügen zu Theil werden sollte, dasselbe

zum zweiten Male in die Lesewelt einzubegleiten. Die lebhafte Theilnahme, welche schon jetzt eine zweite Auflage nöthig macht, darf ich doch als ein sicheres Zeichen betrachten, daß mein Versuch, so mangelhaft er auch gewesen seyn mag, sich gleichwohl des Beifalls der Freunde topographischer Literatur zu erfreuen hatte, und ein solcher Erfolg mußte mich nur zu verdoppeltem Eifer ermuntern, um mich dieser Nachsicht und Freundlichkeit würdig zu bezeigen, alle etwa darin enthaltenen Mängel und Irrthümer zu verbessern, und die Veränderungen, die sich in Prag seit jener Zeit ereignet, sorgfältig nachzutragen und beizufügen. Besonders lohnreich war die letztere Mühe, da mein Forschen mir die Ueberzeugung gewährte, daß Prag in diesem Zeitraum eine so große Anzahl von Verbesserungen erhielt, als wohl in gleicher Zahl von Jahren nur wenigen Städten — zumal, wenn sie nicht Residenzen sind — zu Theil geworden ist. Die Masse der= selben ist so bedeutend, daß trotz der strengsten zheit, die ich auch auf das schon Vor= ausdehnte, und eines größeren Formats, der Umfang des Büchleins sich gleichwohl bedeu= tend erweitert hat. Eine aufmerksame Ver= gleichung der ersten mit dieser zweiten Auflage dürfte dem Statistiker gewiß nicht uninteressant seyn, und den Sohn Böhmens mit stolzer Freude die Fortschritte der Hauptstadt seines Vaterlandes gewahr werden lassen. Auch die Verlagshand= lung, hier, wie immer bemüht, den Werken, welche sie in das Reich der Literatur aussendet, die zweckmäßigste äußere Gestaltung zu geben, hat nicht allein durch größere typographische Ele=

ganz, sondern zugleich durch eine genaue Re-
vision des Grundrisses und durch Veranstaltung
von zweierlei Ausgaben mittelst Bei-
gabe einer der interessantesten Ansichten (des
Hradschins, der Kleinseite und des
Laurenzberges, vom Altstädter Brückenthurme aufgenommen), als Titelkupfer, für
die Vervollkommnung des Werkchens gesorgt.

Prag, den 15. April 1830.

W. A. Gerle.

Erklärung des Titelkupfers.

Wir glauben die Einleitung hierzu nicht beſſer beginnen zu können, als mit jenen, die hiſtoriſche und pittoreske Eigenthümlichkeit Prags ſo charakteriſtiſch auffaſſenden Worten des Proſpectus zur „Maleriſchen Darſtellung von Prag" *).

„Von jeher fanden Anſichten berühmter Städte die allgemeinſte Theilnahme; denn wenn der Einheimiſche den ihm theuer gewordenen Wohnort gern durch die Kunſt verherrlicht und gleichſam im Porträt zu ſeinem unmittelbaren Eigenthume werden ſieht, ſo wird es dagegen dem Fremden zum Bedürfniſſe, verlebte Tage des reinſten Genuſſes ſich nach Willkür in friſcher Erinnerung ſtets wieder vergegenwärtigen zu

---

*) Maleriſche Darſtellung von Prag, in ſieben nach der Natur aufgenommenen, fein colorirten Blättern im größten Royal-Formate, mit erklärendem Texte. (Prag, 1830, in A. Borroſch's Buchhandlung.) Von dieſem ausgezeichneten Kunſtwerke, das noch im Laufe dieſes Jahres vollendet wird, ſind bereits zwei Lieferungen erſchienen und mit der ehrenvollſten Anerkennung allgemein aufgenommen worden. Seines ſchönen Gegenſtandes ſo würdig ausgeführt, daß es wahrhaft zu deſſen Verherrlichung dient, ſteht es zugleich als einzig in ſeiner Art da, indem es von jeder Hauptſtadt wohl viele einzelne Anſichten, aber kein umfaſſendes Werk

können. Ein oft noch höheres Interesse aber haben
pittoreske Ansichten von einer berühmten Stadt selbst
für Jenen, dem es bloß vergönnt war, sich mit sei=
nen Wünschen dahin zu versetzen, und der nun die
Darstellung der Wirklichkeit mit den nicht selten davon
noch übertroffenen Bildern, die ihm die Phantasie ent=
warf, zu vergleichen vermag."

„In jeder dieser Beziehungen aber darf das maje=
stätische Prag mit den merkwürdigsten Städten wett=
eifern. Es hat eben so vollgültige Ansprüche auf die
wohl begründete Vorliebe der Einheimischen, wie auf
die genußvolle Erinnerung jener Fremden, die als Gäste
einst in seinen Mauern weilten, und auf die Phantasie
Derer, die es nur aus den enthusiastischen Reise=Notizen
der gefeiertsten Schriftsteller oder aus den Dichtungen
eines Musäus, Brentano, einer Woltmann
und so vieler Anderer kennen, welche sich gern in die
böhmische Sagenwelt versenkten, aus der die Namen

---

gibt, welches gleich diesem — mit so strenger Wahl
auf das Wesentliche sich beschränkend — dennoch seinen
großartigen Stoff erschöpft — und nur jene noch unbe=
achtet gebliebenen Standpunkte benützt, welche zugleich
die Möglichkeit gewähren, den Reichthum an architec=
tonischen Massen zu einem künstlerischen, land=
schaftlichen Bilde zu verschmelzen, — kein Werk,
welches, wie dieses, bei einem so großen, allen Kunstanfor=
derungen genügenden Formate, weder durch Aqua tinta,
noch andere Erleichterungsmittel, den Eindruck schwächt,
den ein so zartes Colorit um so gewisser hervorbringen
muß, da es zugleich durch Treue und Leben jedem ein=
zelnen Blatte den Werth einer Handzeichnung verleiht.

Krok, Libuſſa, Přzemyſl heraufdämmern; —
nicht minder wird Prag Jene mächtig angeregt haben,
die es in ihrer Erinnerung mit dem höhern Intereſſe
des Geſchichtsfreundes als jene Stadt bewahren, wo
die erſte Hochſchule von Deutſchland blühte, wo Kunſt
und Wiſſenſchaft ſchon früh ein goldenes Zeitalter
feierten, und wo ſich in den folgenden Jahrhunderten
ewig denkwürdige Begebenheiten in raſcher Folge er-
eigneten, denen ſich in jüngſter Zeit noch der welt-
hiſtoriſche Prager Congreß anreihete; und weſſen Sinn
endlich — dichteriſches und hiſtoriſches Intereſſe beſeiti-
gend — ausſchließlich auf das pittoreske gerichtet
iſt, wird volle Befriedigung durch die Darſtellung einer
Stadt erhalten, deren Lage und nächſte Umgebung
von der Natur ſo glücklich zu einem bezaubernden Ganzen verwebt wurde, daß es die Wünſche des eigenſin-
nigſten Künſtlers überbietet, — einer Stadt, in deren
vierſtündigem Umfange die zahlreichen modernen Tempel und Paläſte mit den ehrwürdigen Maſſen
einer grauen Vorzeit harmoniſch zu einem einzigen,
eben ſo überraſchenden als höchſt romantiſchen Gemälde
verſchmelzen, deſſen Eindruck ſo originell, deſſen Wirkung ſo ergreifend iſt, daß ſich hierin nach dem Ur-
theile aller Fremden ſelbſt von jenen Städten Europens,
denen die Nähe des Meeres, der Alpen, oder ein
ſüdlicher Himmel eigenthümliche Reize verleihen, nur
wenige mit Prag meſſen dürfen.‟

Die gegenwärtige Anſicht gibt eine umfaſſende
Darſtellung der Kleinſeite und des Hradſchin's, und zum Standpunkte diente eines der Fen-
ſter vom Altſtädter Brückenthurme. Abgeſehen davon,
daß dieſes Blatt an ſich ſchon eins der anziehendſten

Gemälde von Prag liefert, so wurde es insbesondere auch deßhalb gewählt, weil sich dieses Halb=Panorama von Prag jedem Fremden, wie er nur die Brücke betritt, zuerst darbietet und gewiß für immer einprägt. Wie viel herrliche Ansichten Prag auch sonst noch gewährt, so wird doch Jeder die ergreifende Wirkung jenes ersten Eindruckes von eben so origineller als imponirender Großartigkeit vorzugsweise wieder in sich aufzufrischen, vorzugsweise dieses Bild für seine Lieben in die Ferne mitzunehmen wünschen.

Wir beginnen die Erklärung dieses Blattes mit seiner Begränzung zur Rechten, wo ein Pfeiler vom Altstädter Brückenthurme emporragt, welcher letztere, nebst einem Theile der Brücke, hier wegen des genommenen umfassenden Standpunktes dem Blicke des Beschauers entzogen ist. Wie der Altstädter Brückenthurm das eine, so schirmt das andere Ende der Brücke der hier ganz sichtbare Kleinseitner Brückenthurm; die majestätische, gegen die Kleinseite zu sich sanft krümmende Brücke, auf den mächtigen Pfeilern mit Heiligen=Statuen und ganzen Gruppen geschmückt, zeigt sich hier in ihrer kühnen Spannung über den breiten Spiegel der Moldau. Zur äußersten Linken des Blattes, am südlichen Abhange des Laurenzberges schimmert die prächtige fürstlich Kinskysche Villa herüber, die im edelsten italiänischen Geschmacke erst kürzlich aufgeführt wurde; der dazu gehörige Garten, welcher — erst im Werden — fortwährend viele thätige Hände beschäftigt, zieht sich bis zur Höhe des Laurenzberges hinauf, dessen östliche, in üppiger Vegetation prangende Seite dem Beschauer hier zugekehrt ist. Auf seiner Höhe steht

die Laurenz = Kapelle, durch die sich von dort
darbietende Aussicht auf das Mittelgebirge und die
höchsten Kuppen des Riesengebirges jedem Fremden
gewiß eben so unvergeßlich, als die etwas tiefer und mehr
links liegende Hasenburg, von wo sich eine ganz
andere, vielleicht noch entzückendere Aussicht eröffnet;
denn weithin beherrscht das Auge fast die ganze Stadt
mit ihren fernen Umgebungen. Der den Laurenzberg
mit dem Schloßberge verbindende Bergrücken trägt
auf seinem Gipfel das Stift Strahow mit seinem
Garten, und der von diesem Rücken bis an das
Ufer sich ziehende Abhang ist mit den Gebäuden der
Kleinseite bedeckt, unter denen die herrliche Nikolaus =
Kirche mit ihrer majestätischen Kuppel hervorragt;
ihr zur Rechten zeigt sich die Hofkirche zu St.
Thomas mit ihrem spitzen Thurme. Zur Linken
des Kleinseitner Brückenthurmes fällt der Blick auf die
beiden alten Thürme der Malthefer = Kirche,
hinter denen der schöne fürstlich August Lob =
kowitz'sche Palast und Garten, letzterer sich den
Laurenzberg hinan ziehend, sichtbar wird. Weiter
links steigt der schlanke Thurm der Karmeliter =
Kirche empor; vor diesem, hart am Ufer, spiegelt sich
in der Moldau der schöne gräflich Kolowrat'sche
Palast, hinter welchem ein Theil des gräflich Nostitz'-
schen Palastes hervorragt. Wo die vom Laurenzberge
steil abfallende, alterthümliche Ringmauer endigt,
beginnt das weitgespannte Dach der großen schönen
Artillerie = Kaserne am Augezder Thore.
Auf der Höhe, rechts von der Strahower Kirche und
schon auf dem eigentlichen Schloßberge, beginnt würdig
die große Zahl von Palästen, einer der größten von

Prag, der gräflich Czernin'sche, von dem hier nur das Riesendach mit einem Theile des obersten Geschosses sichtbar ist. In gleicher Höhe mit ihm, links von der Kuppel der Nikolaus-Kirche, erhebt sich der ältere, rechts der neuere Schwarzenberg'sche Palast; zwischen ihm und der k. k. Burg erscheint im Hintergrunde ein Theil der erzbischöflichen Residenz. Nun folgt, die Hälfte des Schloßberges einnehmend, die kaiserliche Burg, zuerst der im italiänischen Style erneuerte Theil, der das Meisterstück altdeutscher Baukunst, die Domkirche zu St. Veit, umschließt,—dann das adeliche Damenstift, hinter dem sich die beiden Thürme der uralten St. Georgs-kirche erheben; nach dem Damenstifte folgt der fürstlich Ferdinand Lobkowitz'sche Palast, an den sich zuletzt noch mehrere alterthümliche Gebäude des ehemaligen Schlosses reihen, zu denen der im Hinter-grunde aus dem Hirschgraben aufsteigende Thurm „Daliborka" gehört. Rechts, durch den Schloß-garten getrennt, erscheint noch das im zierlichsten Style gebaute Lustschloß Kaiser Rudolph's II. (das soge-nannte Observatorium Tycho's de Brahe), jetzt zur Aufbewahrung von Artillerie-Munition die-nend. Unterhalb dem Damenstifte und dem ältern Theile der kaiserlichen Burg, von wo sich der hier steile Berg in vielen schönen, mit Rebenpflanzungen, niedlichen Gärtchen und Lusthäusern geschmückten Ter-rassen herabzieht, wird der Blick auf die zahlreichen Fenster eines weithin gestreckten Daches gezogen, das dem berühmten Waldstein'schen Palast angehört, der mit seinem viel besuchten Garten in der Erinnerung an Prag's Merkwürdigkeiten nicht fehlen darf.

Inhalt.

Prag

und

seine Merkwürdigkeiten.

———

Historisches Vorwort.

Die Gründung Prags fällt in eine Epoche der böhmischen Geschichte, welche man die mythische nennen könnte; denn während wir von den celtischen und gallischen Volksstämmen, die Böhmen früher bewohnten, durch die classischen Schriftsteller zuverlässige Nachrichten erhielten, lebten die ersten Slawen in ihrem Gebirgsgürtel ein abgeschlossenes Leben ohne eigene Geschichtschreiber, da sie nicht einmal die Buchstaben kannten, und den fremden nur wenig bekannt, pflanzten sich ihre Begebenheiten durch Tradition von Geschlecht zu Geschlecht fort, bis die Chronisten späterer Jahrhunderte diese einzelnen historischen Skizzen und Fabeln sammelten, zusammenstellten, und vielleicht mit den Gestalten ihrer eigenen Phantasie noch mehr schmückten. Es wäre daher eine eben so fruchtlose, als für die Leser dieses Werkchens unwichtige Arbeit, zu untersuchen, wie viel von der Sage wahr sey, welche uns erzählt, daß Libussa durch eine Vision ermuntert worden sey, Prag am linken Ufer der Moldau zu erbauen, und die Stadt nach der eben begonnenen Arbeit eines Zimmer=

mannes benannte, der eine Schwelle (Prah) behaute. Ob die erste Gründung, wie Dlugossus glaubt, sich von Abrahams Zeit herschreibt, nach Boregk im Jahre nach Christus 457, nach Cuthen und Lupacius 711, oder nach Hagek im Jahre 723 geschehen, und ob das erste Haus nächst dem Bache Bruska, oder unweit des damaligen Augezder Thores (das ist in der Gegend des Procopsgäßchens) erbaut worden sey. Denkmäler der Baukunst und einzelne historische Daten bezeugen das hohe Alterthum der Stadt, welche höchst wahrscheinlich mit den Ueberresten des Marobudum der Alten am rechten Moldauufer vereinigt, die Residenz der ersten böhmischen Fürsten bildete, und, nach den Chronisten, schon unter Nezamisl, Libussens und Přemisl's Sohne, erweitert, und mit einer Mauer umgeben, ja sogar mit einer Art von Befestigung ausgestattet wurde; seine Nachfolger waren beflissen, Prag mehr zu bevölkern, und die leeren Stellen mit Häusern zu besetzen, weßhalb sie durch verschiedene Vorrechte Bewohner in die Stadt zu locken wußten. Als im 13. Jahrhundert die Tataren auch Böhmen zu überschwemmen drohten, hatte die Stadt schon hinlängliche Befestigungen, um von diesen Horden nichts fürchten zu dürfen. Eine hölzerne Brücke über die Moldau wurde geschlagen, und als der Raum der jetzigen Kleinseite (bis zu den Zeiten Karl IV. Neustadt genannt) angefüllt war, auch der alte Theil der Stadt am rechten Ufer erweitert, und ebenfalls mit Mauern und Gräben umfangen, so nahm er mit der wachsenden Bevölkerung immer an Ausdehnung zu, bis er den gegenwärtigen Raum der Altstadt erfüllte.

Aber nicht minder merkwürdig durch ihre Geschicke und die bedeutende Rolle, die sie in manchen Epochen der Geschichte spielte, als durch ihr Alterthum, war Prag in allen Zeiten der Schauplatz der wichtigsten Begebenheiten. Schreckensscenen aller Art wechselten mit erhabenen Bildern der Vaterlandsliebe, und bald blühte die Stadt unter sorgsamen und friedlichen Beherrschern, bald brachten wilde Zeitstürme Verfall und Zerrüttung mit sich. Still und ruhig lebten in einem Zeitraum die einträchtigen Bürger unter einander, während in einer andern Zwist, Fanatismus und Schwärmerei ihr Haupt erhoben, und Tausende ihnen als Opfer bluteten. Oft war Prag durch feindliche Anfälle einer völligen Zerstörung nahe; aber wenn die Wuth die höchste Stufe erreicht zu haben schien, traten wieder Begebenheiten ein, die den wilden Sturm beschwichtigten und die Stadt vom Untergange retteten.

Im Jahre 928 wurde Prag zum erstenmal belagert und eingenommen, als Kaiser Heinrich I. die heidnisch gesinnte Herzogin Drahomira der Regierung entsetzte.

Als im Jahre 950 Böhmen sich weigerte, ferner den Zins an den Kaiser zu bezahlen, zog Otto der Große vor Prag und zwang Boleslaw zur Leistung des Tributs.

In den ersten Jahren des 11ten Jahrhunderts wurde die Stadt in dem Zeitraume von 5 Jahren drei Mal ohne Belagerung eingenommen, das erste Mal 1001 von dem vertriebenen Boleslaw III., 1003 von dessen Gegner, dem polnischen Herzog Boleslaw Chrabri, und 1005 erschien Heinrich II. mit dem Herzog Jaromir vor Prag, um diesem sein Reich zu bewahren. 37 Jahr später zog Kaiser Heinrich III. als drohender Feind nach Böhmen; aber ein friedlicher Vergleich, den Böhmens Herzog abschloß, ersparte der Hauptstadt eine gefährliche Belagerung.

Als Wladislaw II. 1141 den böhmischen Fürstensitz besteigen sollte, und von seinen eigenen Blutsverwandten bedrängt wurde, die Conrad von Mähren die Regierung zudachten, belagerte dieser die Stadt mit mörderischer Wuth, brennende Pfeile entzündeten die größten Gebäude, Kirchen und Klöster; aber Theobald, Wladislaw's Bruder, vertheidigte Prag, von dessen Erhaltung das Schicksal des Reiches abhing, standhaft, bis Wladislaw, vom Kaiser Friedrich dem Rothbart mit einer deutschen Kriegerschaar unterstützt, ihn zu entsetzen kam. Wladislaws Sohn,

Herzog Friedrich, eroberte 1176 mit leichter Mühe seine Hauptstadt wieder, welche Sobieslaw besetzt hatte.

In einen traurigen Zustand gerieth Prag und Böhmen nach dem Falle Přemisl Ottokars, in der Schlacht auf dem Marchfelde, als der Markgraf von Brandenburg 1278 die Landesverwaltung und Vormundschaft über den minderjährigen Thronfolger übernahm, und durch 5 unglückliche Jahre gewaltsamer herrschte, als der übermüthigste aller siegreichen Feinde, bis endlich Wenzel II. 1283 den Thron seiner Väter bestieg, und sein Reich von dem unfreundlichen Beherrscher erlöf'te; aber ähnliche Bedrängnisse stürmten 26 Jahre später auf Böhmen ein, als Wenzel III., der letzte männliche Zweig der Přemisl'schen Dynastie, gefallen war, und die Gatten seiner Schwestern um die Regierung des Reiches stritten. Durch die Hilfe der Bürger Prags gelang es 1310 dem ritterlichen König Johann, welcher sich mit der böhmischen Prinzessinn Elisabeth vermählt hatte, seinen Schwager, den verhaßten Heinrich von Kärnthen, aus Prag und Böhmen zu vertreiben, und dieselbe Bürgerschaft war im Stande, ihm zum Kriege gegen Oesterreich binnen 3 Tagen 10,000 bewaffnete Krieger zu stellen, und diese mit 740 Wagen voll Lebensmittel auszurüsten.

Unter den Herzogen Břetislaw I., Sobies=
law I. und König Wenzel I. hat Prag sowohl an
Befestigung als an stattlichen Gebäuden zugenommen;
doch bestand die Stadt zu den Zeiten Johanns von
Luxemburg noch größtentheils aus hölzernen Häusern,
und, obschon dieser König den Bürgern einen Theil
der Einkünfte der Altstadt überließ und die Bewilligung
ertheilte, im Umfange einer Meile um Prag Kalk
und Steine zu brechen, und ihre Häuser daraus neu
zu bauen, fällt die völlige Umstaltung der Stadt doch
erst in die ruhmvolle Regierungs = Periode Kaiser
Karl IV. (als König von Böhmen Karl I.) der
nicht nur, um der wachsenden Zahl der Bewohner
Raum zu gewähren, die Neustadt, oder Karlsstadt,
wie man sie anfänglich nannte, anlegte, und mit einer
starken Mauer umgab, von welcher noch Reste zu
sehen sind, sondern auch die Altstadt, welche 1316 durch
eine große Feuersbrunst beinahe ganz zerstört worden
war, wieder aufbaute, und um den grausamen Folgen
einer entstandenen Hungersnoth vorzubeugen, beschloß
der väterlich gesinnte Monarch auch eine feste Mauer
um die Kleinseite und den Lorenzberg errichten zu lassen,
wodurch Tausende von Unglücklichen Arbeit und Unter=
halt fanden. Man kann wohl sagen, daß mit dem
Heldentode Johann I. in der Schlacht bei Cressy,
und der Thronbesteigung seines Sohnes, das goldene

Zeitalter Böhmens zu blühen begonnen, deffen Haupt=
stadt in den 31 Jahren der Regierung diefes Letztern
eine Verwandlung erfahren, wie fonft kaum Jahr=
hunderte hervorbringen. Mit väterlicher Sorgfalt be=
günftigte Karl den Gewerbfleiß der Hauptftadt, wie
ten Ackerbau des Landvolks, führte die ernftern Wiffen=
fchaften und die holden Künfte des Friedens in das
beglückte Reich, an deffen Spitze ihn die Vorficht ge=
ftellt hatte. Auf feinen Wink füllten fich die Berge
mit burgundifchen Reben, erhoben fich die Zinnen der
Hauptftadt fchöner, die ihm nicht nur ihre Erweiterung,
fondern fo viele glänzende Gotteshäufer und andere Ge=
bäude, die fefte Moldaubrücke und ihre berühmte Hoch=
fchule verdankt; norddeutfchen und italienifchen Kauf=
leuten gewährte er befondere Vorrechte, die von ihnen
zu Prag gegründeten Waarenniederlagen machten die
Stadt zu dem blühenden Mittelpunkt des füdlichen
und nördlichen Handels, und der Zufammenfluß all
diefer günftigen Umftände erklärt es allein, daß Böh=
mens Hauptftadt zu jener Zeit Bürger befaß, von
welchen ein Einziger dem geliebten Monarchen ein Ge=
fchenk von 100,000 Dukaten machen konnte; aber leider
ging der Geift des Vaters nicht auf den Sohn über.
Wenzel IV. ließ fo manche Herrlichkeiten verfallen,
die fein glorreicher Vater gegründet, und die unglück=
lichen Begebenheiten, welche gleich nach feinem Tode

erfolgten, vollendeten das Rückschreiten der stolzen Königs-
stadt. Die huffitischen Unruhen wütheten durch 14 Jahre
in Prags Weichbilde, und die Stadt wurde von Innen
und Außen gleich heftig bestürmt, Kirchen und Klöster
fielen als Opfer der Zerstörung, mehrere Straßen der
Stadt wurden vernichtet, ein großer Theil der Kleinseite mit dem erzbischöflichen Palast ward der Raub
einer angelegten Feuersbrunst, und der Wyssehrad hat
sich nie mehr von den Greueln jener Zeit erholen
können. Die Bewohner der Altstadt und Neustadt
kämpften gegen einander und gegen die kaiserlichen Be-
satzungen auf dem Hradschin und Wyssehrad, und was
Feuer und Schwert verschonte, raffte Hunger und
Seuchen mit verdoppelter Grausamkeit hin. Zwei Mal
in dieser unseligen Zeit wurde Prag vom Kaiser Sieg-
mund (1420 und 1421) belagert, und hielt sich. Drohender war eine dritte Belagerung, als Žižka rach-
gierig vor derselben lagerte, jedoch durch die Bered-
samkeit des Johann Rokitzana versöhnt wurde.

Ein wichtiger Punkt in der Geschichte Prags ist
das Jahr 1457, wo nach Ladislaw's Tode sich die
böhmischen Stände auf dem altstädter Rathhause zur
Königswahl versammelten, und die Krone ihrem Lands-
manne, Georg von Podiebrad, übergaben. Der
Partheigeist und Zwist loderte unter Georgs Nachfolgern fort, und erst, als Ferdinand I. Böhmens

Thron bestiegen hatte, schien Ruhe und Ordnung wieder in die Hauptstadt zurückgekehrt zu seyn; aber schon 1545 verweigerten ihm die Bewohner Prags die Heeresfolge zum Schmalkaldischen Kriege, wofür sie der Monarch nach dem Friedensschlusse durch den Verlust der Stadtgüter und vieler Privilegien strafte, während die Primatoren der Altstadt und Neustadt dem Arm der Gerechtigkeit übergeben wurden.

Fünf Feuersbrünste verwüsteten in der ersten Hälfte des 16ten Jahrhunderts die Stadt, und die letzte derselben, 1541, legte die halbe Kleinseite, den Hradschin, das königliche Schloß mit allen Urkunden der Landtafel und einen Theil der Domkirche St. Veit in Asche.

Im Jahre 1611 sollte der Passauer Einfall Rudolph II. von dem Einflusse der Stände befreien; er veranlaßte jedoch nur neue Greuelscenen in Prag, woselbst 1618 abermalige Unruhen entstanden, als die Protestanten, in Vertheidigung des Majestätsbriefes von 1608, zum entschiedenen Aufruhr schritten, Ferdinand II. der Krone verlustig zu erklären wagten, und den Pfalzgrafen Friedrich zum König von Böhmen wählten. Am 8ten November 1620 entschied die Schlacht auf dem weißen Berge das Schicksal Böhmens. Der Sieg befestigte die Herrschaft des rechtmäßigen Königs. Böhmen verlor seine Privilegien, die Häupter der Empörung fielen, und eine große Zahl von den Theilnehmern rettete sich durch die Flucht.

Dreißig Jahre lang wüthete die Kriegsflamme in Böhmen, und erst 1648 endete das blutige Würgen mit der beinahe viermonatlichen Belagerung von Prag durch die Schweden, welche den Bewohnern dieser Stadt Gelegenheit gab, durch Muth und Ausdauer sich einen hohen Ruhm zu erwerben. Alle Angriffe der aufgedrungenen Beschützer wurden kräftig zurückgewiesen, und unter den Vertheidigern, die aus dem Weichbilde der Stadt entstanden waren, zeichneten sich vorzüglich die Studirenden der Prager Hochschule aus. Krankheiten, Noth und andere Folgen der gewaltigen Kriegsstürme, vereint mit Ueberschwemmungen und andern Elementarzufällen bedrängten die Hauptstadt Böhmens noch lange nachher, und als sie sich einigermaßen erholt hatte, entzündete sich 1741, nach Karl VI. Tode der Erbfolgekrieg. Ein drohendes Kriegsheer, aus Franzosen, Baiern und Sachsen bestehend, erschien vor den Mauern der Stadt, welche, nur von etwas über 3000 Kriegern vertheidigt, sich nach wenigen Tagen fruchtloser Gegenwehr ergeben mußte. Obschon jedoch die Bürger thätigen Antheil an der Vertheidigung genommen, verschonte man gleichwohl die Stadt mit Plünderung; allein ein desto traurigeres Geschick nahte derselben im folgenden Jahre. Preußen und Sachsen hatte dem

Bunde gegen Oesterreich entsagt, und eine viermonat=
liche Belagerung mit all ihren Leiden und Gräueln
befreite endlich Prag von den Feinden; doch erst,
als die letzten Pferde in der Stadt geschlachtet und ver=
zehrt waren, entschlossen sich die Vertheidiger, Broglio
und Belleisle, mit ihren Kriegern Prag zu räumen.

Im Jahre 1744 lagerte sich Friedrich II. mit
100,000 Preußen vor Prag und vernichtete durch sein
Geschütz eine große Anzahl von Häusern der Neustadt,
worauf die Stadt sich übergab. Der österreichische
General, Freiherr von Harsch, wollte sich auf die Ver=
theidigung der Kleinseite beschränken; doch umsonst ver=
suchte man einen Bogen der Brücke zu sprengen, und
da das feindliche Geschütz bereits die Schleußen der
Moldau verheert hatte, wodurch der Fluß so seicht
wurde, daß man ihn an den meisten Stellen durch=
waten konnte, gab man jenes Vorhaben auf; doch
blieben die Preußen nur 10 Wochen Besitzer der Stadt,
die sie, durch die glücklichen Fortschritte des österreichi=
schen Heeres gezwungen, wieder verlassen mußten. In
den Straßen der Stadt, und zumal auf der Brücke
wurde heftig gestritten, und selbst Bürger nahmen an
dem siegreichen Kampfe gegen den Feind des Vater=
landes Theil.

Der Dresdner Friede von 1745 stellte endlich
die Ruhe wieder her, aber schon nach 11 Jahren be=

gann der siebenjährige Krieg, die Belagerung von 1757 verwüstete beinahe 900 Häuser, und ganze Gassen wurden das Opfer des Brandes, welchen das feindliche Geschütz entzündete, bis endlich die Schlacht von Kolin den König von Preußen zwang, die Hoffnung auf Prags Eroberung aufzugeben.

Dieß war das Letztemal, wo Prag von einem feindlichen Heere bedroht wurde. Doch hat manches andere Drangsal die Stadt betroffen; denn auch im siebzehnten und achtzehnten Jahrhundert hatte dieselbe oft und viel durch die Flammen gelitten, und erst seit ungefähr 50 Jahren sind die Löschanstalten nach und nach zu der Zweckmäßigkeit gelangt, daß man die Sturmglocke selbst in den geringsten Entfernungen hören kann, ohne für seine eigene Sicherheit in Sorge zu gerathen.

Die Hungersnoth von 1771, das bedrängnißvolle Jahr 1805 und die Ueberschwemmungen von 1784 und 1824 dienten dazu, bei augenblicklichen Leiden den innern Reichthum des Landes und den Wohlthätigkeitssinn seiner Bewohner zu bewähren, welche vereint die schmerzlichsten Wunden in kurzer Zeit heilten.

Wenn Prags Bewohner sich einst durch religiöse Partheiung zum Aufstand gegen ihren rechtmäßigen Herrscher verleiten ließen, so haben sie dagegen in der neuern Zeit die deutlichsten Beweise der ehrfurchtsvollen Anhänglichkeit an ihren angebeteten Landesvater, den gütigen und weisen Franz I., an den Tag gelegt, wovon wir nur erwähnen wollen, wie die Hauptstadt Böhmens im Jahre 1800 drei Bataillons (worunter 800 Freiwillige von der Universität) zu der Legion des Erzherzog Karl stellte, und auch im Jahre 1809 die Prager Landwehr = Bataillons unter den ersten waren, welche sich erklärten, im Dienst ihres Monarchen selbst über die Gränze gehen zu wollen.

Einer der glänzendsten Momente in Prags Ge=schichte ist unstreitig der Prager Congreß im Jahre 1813, wo Franz I. mit Alexander I. und Fried=rich Wilhelm III. im Weichbild der Hauptstadt Böhmens sich vereinigte, und den Grund zu dem hei=ligen Bunde legte, der uns gegenwärtig einen so dauer=haften Frieden gewährt.

Neue Beweise der Vaterlands = und Menschen=liebe gaben die Prager in jenen trüben Tagen, wo die Verwundeten in unabsehbarer Wagenreihe von Kulm und Dresden heran gezogen kamen, und die Bewohner des fernsten Rußlands, Preußens, und selbst die ge=fangenen Feinde denken mit dankbar segnendem Gefühl an die Wohlthaten zurück, welche sie in der Hauptstadt Böhmens empfangen haben. Für diese edlen Thaten, für alle Werke des Patriotismus und der Wohlthätig=keit, die Prag täglich ausübt, findet es reichen Lohn unter dem Zepter Franz I. und blüht im zunehmen=

den Wohlstande empor, wovon die bedeutenden Verbesserungen und Verschönerungen der letzten Zeit den sprechendsten Beweis liefern.

Lage, Seehöhe, Klima und Umfang.

Beinahe in der Mitte des Königreichs, unter 50° 5' 18'' nördlicher Breite und 32° 5' 0'' östlicher Länge breitet sich Böhmens Hauptstadt, in einer Erhöhung von 55,105 Pariser Fuß über der Nordsee bei Hamburg, an beiden Seiten der Moldau auf 5 Bergen (dem Schloß=, Lorenz=, Strahöfer=, Wyssehrader= und Windberg) und in dem durch diese Berge gebildeten Thale weitläufig aus, rings, und zumal gegen Norden und Osten von höhern Bergrücken umgeben, die Prags Klima zu einem der mildesten von Böhmen machen, wenn gleich die Temperatur bei den oft herrschenden West= und Nordwestwinden großen und plötzlichen Veränderungen unterworfen ist, wonach schwächliche Personen ihre Kleidung einrichten müssen.

Prag hat einen Umfang von 4 Stunden, und ihr Durchmesser vom Spitelthor bis zum Strahöfer oder Reichsthor beträgt etwas über eine Stunde; überhaupt nimmt sie einen Flächenraum von 1,245,792 Wiener □ Klafter ein. Die Stadt hat 54 Plätze

und 217 Gaſſen mit 3212 Häuſern, 46 katholiſche,
2 proteſtantiſche Kirchen, 9 Manns= und 4 Nonnen=
klöſter und 2 Ritterorden. Hierzu kommt noch die Berg=
ſtadt Wyſſehrad mit 71, und die Vorſtadt Karolinen=
thal mit 83 Häuſern, folglich hat Prag eine Zahl von
3366 Häuſern. Um den Fremden das Aufſuchen öffent=
licher Anſtalten oder einzelner Perſonen in dieſem gro=
ßem Raume zu erleichtern, ſind die Namen der Plätze
und Straßen an allen Ecken in böhmiſcher und deutſcher
Sprache angeſchrieben, und die Häuſer jedes Stadt=
theils mit eigens fortlaufenden Nummern bezeichnet.

Phyſiognomie und Anſichten der Stadt.

Einſt die Wohnung böhmiſcher Herrſcher und der
Sammelplatz der Wiſſenſchaften, des Reichthums und
des Handels, hat Prag noch viele Spuren königlicher
Pracht und Kunſtſchätze des Mittelalters bewahrt.
Die Lage der Stadt im Mittelpunkt des Landes eignet ſie
vorzüglich zur Hauptſtadt des Reiches, in der ſich noch
jetzt alle Kräfte vereinigen, und welche dem Luxus,
wie dem Kunſtfleiß und der Gelehrſamkeit einen gemein=
ſamen Vereinigungspunkt darbietet; und wenn gleich
viele Große des Reiches mit dem Hoflager der Mon=
archen nach Wien gezogen ſind, beſitzt doch Böhmen

noch einen reichen und zahlreichen Adel, der die Sommer-
monate auf seinen Gütern zubringt, im Winter aber
die Hauptstadt mit dem Glanz des höhern Lebens erfüllt.

Es wird wohl wenige Städte in Deutschland
geben, welche seit Menschengedenken so bedeutende Veränderungen erfahren haben, als das alterthümliche Prag,
und wer unsre Stadt seit ungefähr zwei Decennien nicht
gesehen hat, wird sich höchlich über die Umwandlung
verwundern, die in diesem kurzen Zeitraume mit der
Hauptstadt Böhmens vorgegangen ist. Der größte
Theil derselben (sogar die Nebenstraßen) ist mit Kanä-
len durchschnitten, das Straßenpflaster in den meisten
Straßen eben und gut, mit Trottoirs versehen; die
Straßenbeleuchtung mit argandischen Lampen erstreckt
sich schon bis an die entferntesten Enden der Stadt.
Dunkle Winkel haben sich durch Hinwegreißung ver-
unstaltender Gebäude in reinliche Plätze verwandelt; mittelst der Abschaffung der zahlreichen Vordächer an den
Häusern sind die Straßen heller und scheinbar geräu-
miger geworden; man hat Hügel abgegraben, Vertiefungen ausgefüllt, und auch die Hausbesitzer haben
durch geschmackvolle Veränderungen und Erneuerungen
ihrer Häuser zur Verschönerung der Stadt beigetragen,
welche bald keine andere Spur mehr von ihrem Alterthum wird aufzuweisen haben, als die ehrwürdigen
Prachtgebäude der Vorzeit, die den Reisenden mit Be-

wunderung erfüllen. Auch die Bevölkerung und mit ihr natürlich die Lebhaftigkeit auf den Straßen hat so bedeutend zugenommen, daß wohl schwerlich Jemand in dem gegenwärtigen Augenblick Prag eine „stille Stadt" nennen möchte, wie es sonst gewöhnlich der Fall war. Die Bauart Prags ist in allen Stadttheilen massiv, in den ältern, wo nicht große Umbaue statt gefunden, winkelig und eng, hell und weit in den neuern. Wenige Städte von gleichem und selbst von größerem Umfange dürften wohl so viele Paläste im großartigen italiänischen Style, und überhaupt so viel Geräumigkeit — oft Verschwendung — des Raumes aufzuweisen haben.

Von welchem der nachbarlichen Berge man auch herabkommt, bietet Prag mit seinen zahllosen Thürmen und großen Häusermassen, von der Moldau durchschnitten, einen überraschenden und großartigen Anblick dar.

Auf einem mäßigen Berge am linken Moldauufer thront der höchste Theil der Stadt, der Hradschin mit der königlichen Hofburg, der ehrwürdigen Domkirche, im edelsten gothischen Styl erbaut, der Residenz des Fürst = Erzbischofs, dem Theresianischen adelichen Fräulein = Stifte und vielen Palästen und andern ansehnlichen Gebäuden. Am Fuße des Berges gegen den Fluß zu breitet sich die Kleinseite aus, und die felsenfeste Moldaubrücke, mit steinernen Heiligenbildern ge=

schmückt, verbindet diese mit der Altstadt, mit welcher
die Judenstadt und die Neustadt gränzen; an die letztere
schließt sich die Bergstadt Wyssehrad, und zwischen
Mauern und einem Hohlwege gelangt man zu dem
ehemaligen Kastell, wo sich noch die unterirdischen
Gänge eines geräumigen Gebäudes, und am Felsen
gegen den Fluß Reste einer Warte finden, die, der Sage
zufolge, von Libussa erbaut worden, und zu welcher
wahrscheinlich ein unterirdischer Gang führte.

Die weiteste Ansicht über die vielgethürmte Stadt
und ihre Umgebungen bietet die Spitze des Schloß=
thurms an der St. Veitskirche dar; für Jene aber,
welche die Ersteigung der steilen und an manchen Orten
schadhaften Treppe zu beschwerlich ist, finden sich in
und außer der Stadt noch mehrere Standpunkte zur
Uebersicht derselben, deren mehrere überdieß den Vor=
theil gewähren, die wahrhaft kaiserliche Burg und die
Domkirche selbst auf Bergesrücken thronen zu sehen.
Der gewöhnlichste dieser Standpunkte ist die Statue
des heiligen Philipps am steinernen Geländer der neuen
Schloßstiege nächst der kleinen Seitenpforte des Schlos=
ses, wo der größte Theil der Stadt und der garten=
bekränzte Lorenzberg dem Blick sich darstellen.

Eine nicht minder interessante Ansicht erhält man
hinter dem Schlosse und Damenstifte an der alten
Schloßstiege, und verdoppelten Reiz erhält der Ueber=

blick, wenn man, auf dem Lorenzberg selbst stehend, die Denkmäler der Baukunst auf dem Hradschin mit dem Bilde vereinigt sieht. Auch die Höhe des Wysse= hrads und das Belvedere, des ehemaligen Ballabeneschen Gartens vor dem Neuthor bieten mannigfaltige, male= rische und von den vorigen verschiedene Ansichten der Stadt und der Gegend dar.

Der Fluß, seine Inseln und die Brücke.

Der Hauptfluß des südlichen Böhmens, die Mol= dau, welche oberhalb Prags noch zwei andere böhmische Wässer, die Beraun und Sazawa aufnimmt, durch= strömt die Stadt, diese in zwei ungleiche Hälften thei= lend, in beträchtlicher Breite (die geringste innerhalb der Stadtmauer 516, die größte 760 Wiener Schuh), doch nicht überall von verhältnißmäßiger Tiefe, und ziemlich unregelmäßigem Laufe. Ihre Richtung ist An= fangs nördlich, hierauf wendet sie sich, schon nahe am Ende der Stadt gegen Osten, fließt an der Vorstadt Karolinenthal vorbei, wendet sich hierauf bei dem k. k. Invalidenhause in einem starken Bogen wieder gegen Westen und setzt dann ihren Lauf gegen Norden weiter fort. Auf diesem Wege bildet sie theils innerhalb der Stadt theils außerhalb derselben, doch ganz nahe den,

Stadtmauern, mehrere Inseln, welche die Ansicht des Flusses ungemein verschönern und zum Theil den Bewohnern Prags als Promenaden dienen.

Die Färberinsel, von geringem Umfange und rings mit Pappelalleen umkränzt, gehört zu diesen; die Prager trinken hier des Morgens Mineralwässer, und speisen daselbst des Mittags und Abends, während sie gleichfalls die da angelegten warmen und kalten Bäder fleißig besuchen. Seit ein paar Jahren besteht eine hölzerne Brücke zur Verbindung mit der Neustadt, welche die schnelle Ueberkunft sehr befördert.

Außer den Badehäusern und den Gebäuden des Traiteurs befindet sich eine Kattunfabrik und Bleiche auf der kleinen Insel, deren südliche und nördliche Spitze angenehme Ansichten darbieten; etwas flußabwärts liegt

die Schützeninsel oder Klein=Venedig, ein Eigenthum der Prager Schützengilde, welches sie der Huld Kaiser Ferdinand I. verdankt, der ihr solche im Jahre 1537 schenkte. Schattige Gänge führen zu dem Schießhause, in dessen heiterm Salon Bälle gegeben werden, und viele Tische stehen bereit, die Gäste zu empfangen.

Die größte der Moldauinseln, schon unterhalb der Stadt gelegen, wird Groß=Venedig oder die Hetzinsel genannt, weil in früherer Zeit die Thier=

heße hier abgehalten wurde. Man gelangt über drei Brücken dahin, wo sich abermals ein Traiteur und ein reinlicher Tanzsaal befindet, in welchem leßtern die niedern Klassen alle Sonntage des Sommers und Herbstes ein ehrsames Tänzchen machen.

Unweit der Heßinsel liegt die sogenannte Köppelsche Insel, eine schattige Aue, mit einem Pavillon für Gäste, welche hier Erfrischungen einnehmen wollen, und in der Mitte derselben wieder eine Bleiche und Kattunfabrik.

Das Wasser des Flusses wird durch Röhren aus vier Wasserthürmen in die Cisternen der vom Wasser entfernteren Gegenden der Stadt geleitet.

Die Moldaubrücke, von 1790 Fuß Länge, einer Breite von 35 Fuß und 42 Fuß über die mittlere Höhe des Wasserspiegels erhoben, mehr fest als zierlich erbaut, verdankt gleichfalls ihre Anlage Karl IV., auf dessen Befehl sie 1358 begonnen wurde; doch verzögerten die Stürme des 15ten Jahrhunderts ihre Vollendung, und sie wurde erst 1507 unter Wladislaw II. Regierung fertig. Man berechnet die Kosten dieses Baues auf 170,000 Gulden. Die 16 Bogen der Brücke bestehen aus lauter Quadern, die mit dem besten Mörtel verbunden sind. An beiden Enden erheben sich zwei alte, ehrwürdige Thürme, gleichfalls aus Quadern erbaut, welche einst zur Vertheidigung

der Brücke gedient zu haben scheinen. Auf dem Alt=
städter Thurm, zumal gegen den Brückenplatz, erblickt
man noch allerhand Bilder und Verzierungen in Stein
gehauen, und die sämmtlichen Wappen aller Länder,
welche einst mit Böhmen verbunden waren. Von der
Brücke selbst sieht man an demselben das altstädter Wap=
pen; dagegen haben die Stürme der Zeit und des Krieges
den kleinseitner Brückenthurm aller Verzierungen be=
raubt. Zu Balbins Zeiten bestand der ganze Schmuck
der Brücke aus einem hölzernen Krucifir, und demsel=
ben gegenüber der Bildsäule der Gerechtigkeit, König
Georg von Podiebrad und dem böhmischen Löwen.
Die Kriege des 17ten Jahrhunderts zerstörten diese,
und im Anfange des 18ten Jahrhunderts wurden die
noch vorhandenen 29 Statuengruppen aufgestellt. Ein
Würfel von röthlichem Marmor mahnt an den Scha=
den, welchen der fürchterliche Eißstoß von 1784 den
Pfeilern der Brücke verursachte, und an deren Wieder=
herstellung durch die Großmuth Kaiser Joseph II.
Zur Bequemlichkeit der Fußgänger sind an beiden Sei=
ten erhöhte Trottoirs*) angebracht, auf welchen sich, der
Ordnung wegen, sowohl der Herüber= als Hinüber=
gehende stets zur rechten Seite zu halten hat. Außer
der Moldaubrücke wird die Verbindung der verschiedenen

---

*) Man ist so eben beschäftigt, ein Trottoir von Gußeisen
auf der Brücke zu legen.

Stadttheile auf beiden Ufern des Flusses durch drei
Ueberfuhren, nämlich zwischen der Altstadt und Kleinseite nächst dem Spinnhause und der Schützeninsel
gegenüber, und zwischen der Neustadt und dem Dorfe
Smichow am Podskal erhalten. Die erwähnte hölzerne
Brücke führt auf die Färberinsel und mehrere Stege
verbinden die Insel Kampa, die durch einen Arm des
Flusses gebildet wird, mit der Kleinseite, von welcher
sie einen Theil ausmacht.

Eintheilung, Befestigungen, Thore.

Die gesammte Häuserzahl Prags wurde ehemals
in vier Städte, die Altstadt, Neustadt, Kleinseite und den
Hradschin eingetheilt, welche nun Stadtviertel genannt
werden.

Festungswerke, von welchen wohl schwerlich mehr
ein Gebrauch gegen einen herannahenden Feind gemacht
werden dürfte, umschließen Prag auf allen Seiten, und
ziehen sich im Süden und Osten vom Wyssehrad bis
an die Moldau nächst der Hetzinsel, und eben so am
linken Ufer um die Kleinseite und den Hradschin bis
gegen das Belvedere.

Prag hat gegenwärtig nebst dem Wyssehrad acht
Thore, deren vier an der Neustadt gelegen sind: 1. Das

Spitel = oder Poržiczer Thor (schlesische und neue sächsische Straße, dann jene nach Königgrätz und in das nordöstliche Böhmen). — 2. Das Neuthor mit der Wiener und mährischen Straße. — Das Roß= thor (Straße nach Kaurzim, welche sich in die Wie= ner mündet). — 4. Das Kornthor. — 5. Das Wyssehrader Thor führt auf die Linzer und alte Wiener Straße. Zwischen diesen beiden befindet sich das sogenannte blinde Thor, welches seit Leopold I. Zeit, bei Eröffnung des Roßthores geschlossen wurde. An der Kleinseite liegen die übrigen drei: 6. Das Au= gezder Thor mit Ravelins und Außenwerken (Reichs= und sächsische, dann Piseker Straße). — 7. Das Stra= höwer Thor, auch Reichsthor genannt, weil in früherer Zeit die Reichsstraße ausschließend durch das= selbe ging; gegenwärtig kommt aber nur das Fuhrwerk aus Sachsen über den steilen Berg hinab. — 8. Das Sandthor (auch Marienthor, Karlsthor und Bruskathor genannt). Die beiden letztern, auf Befehl Kaiser Karl VI. neu erbaut, haben ein stattlicheres Ansehen, als die übrigen älteren Thore.

Die einzelnen Theile der Stadt mit ihren Straßen und Plätzen, geistlichen und weltlichen Gebäuden.

Die ganz eben liegende A l t s t a d t oder das erste Hauptviertel mit 950 Nummern 24 Plätzen und 96, größtentheils unregelmäßigen Straßen, welche bei den Verwüstungen durch Kriege am wenigsten gelitten hat, bildet ein stumpfes Dreieck am rechten Moldauufer und enthält, als der früheste Anbau, zwar größtentheils kleine und enge Straßen, mit hohen Häusern besetzt, zugleich aber das regste Leben und den größten Theil des Handels und der Gewerbe, so wie der Lehr= und Bildungsanstalten der ganzen Stadt.

Die Altstadt umschließt auch den vorzüglichsten Platz der Stadt, den sogenannten g r o ß e n R i n g nächst dem Rathhause, welcher ein unregelmäßiges Viereck, von ansehnlichen Häusern umgeben, bildet. In dessen Mitte erhebt sich eine Statue der heiligen Jungfrau auf einer hohen Säule, von Kaiser F e r d i a n d III. zum Andenken der Befreiung Prags von den Schweden errichtet, vor welcher an Sommerabenden, zumal um die Zeiten der Marienfeste, andächtige Lieder gesungen werden. Unweit der Hauptwache findet man einen marmornen, leider ganz vernachlässigten, Wasserbehälter mit den 12 Himmelszeichen en Relief und einer Statue des Neptun von guter alterthümlicher Bildhauerarbeit.

Zwar schon im vierzehnten Jahrhundert erbaut, hat doch das altstädter Rathhaus so viele Veränderungen erlitten, daß seine alterthümliche Gestalt zum großen Theil verwandelt ist. Eine der größten Zierden desselben ist der wahrhaft königliche Senatssaal und merkwürdig als Alterthum das italienische Uhrwerk, 1470 vom Magister Hanusch und einem seiner Schüler verfertigt, so wie einige alte Inschriften an der Außenseite.

Die Theinkirche gehört unter die wichtigsten Gebäude der böhmischen Vorzeit. Schon der erste christliche Herzog, Bořiwoj, legte hier eine Kapelle an, die von Drahomira zerstört und von Boleslaw dem Frommen neu erbaut wurde; ihre gegenwärtige Gestalt und Größe verdankt sie den Prager Handelsleuten, welche sie im Anfang des fünfzehnten Jahrhunderts aus den Trümmern erstehen ließen, ihre beiden Thürme dem Böhmen = König, Georg von Podiebrad, welcher sein Bild mit Kelch und Schwert darauf setzen ließ; doch wurde im 17ten Jahrhundert die Abbildung der heiligen Jungfrau an Georgs Stelle gesetzt. Im Jahre 1819 hat der Blitz den einen Thurm vernichtet, welcher noch nicht wieder aufgebaut ist. Karl

Skreta hat diese Kirche mit den Altarblättern der
Himmelfahrt Mariens, Jesus, Maria und Joseph,
Mariens Verkündigung, des heiligen Evangelisten Lu=
kas, St. Barbara und St. Adalbert ausgestattet, deren
einige in der Manier berühmter ausländischer Künstler
gemalt sind. Unter die berühmten Denkmäler der
Vorzeit gehört das Grabmal des Tycho de Brahe
nächst der Kanzel, des böhmischen Geschichtschreibers
J. F. Hammerschmidt, des Bischofs der Utra=
quisten Augustus Lucianus (in der St. Lucas=
kapelle, worin die Katholiken, welche zur utraquistischen
Lehre übergingen, das Glaubensbekenntniß ablegten)
und eines zwölfjährigen israelitischen Martyrers, Simon
Abeles, welcher von seinem Vater getödtet wurde,
weil er den christlichen Glauben annehmen wollte. Ein
alterthümliches, recht wacker gearbeitetes Basrelief ober=
halb des Einganges in die Theingasse, das Leiden Christi,
in verschiedenen lebhaften Gruppen dargestellt, dürfte
den Freund der bildenden, und zumal der Kunst des
Mittelalters besonders ansprechen.

Der kleine Ring, durch eine kurze breite
Gasse mit dem großen Ring verbunden, bildet ein un=
regelmäßiges Dreieck und stößt an die Jesuiten=
gasse, die zwar eng, winkelig und krumm, doch bei=
nahe die lebhafteste der ganzen Stadt ist, da sie die
Verbindung der Brücke mit den Straßen und Plätzen

der Alt = und zum Theil der Neustadt bewirkt; auch enthält sie eines der schönsten Werke der Baukunst, den Palast des Grafen Clam = Gallas. Die Wagen dürfen, um Unglücksfälle und Unordnungen zu vermeiden, nur in der Richtung nach der Brücke durch selbe fahren, und müssen den Rückweg durch die Plattnergasse oder Postgasse nehmen.

Der Brückenplatz, von dem Brückenthurme, dem Kreuzherrnstifte, dem Collegium Clementinum mit dem Portal der Salvatorskirche und ein paar Privathäusern umgeben, ist nicht groß, aber lebhaft und freundlich.

Die Kirche des St. Franciscus Seraphicus an dem Stifte der Kreuzherren mit dem rothen Stern, welches durch die Frömmigkeit der königlichen Prinzessinn Agnes, Tochter Přemisl Ottokars I., gegründet und später mit reichen Gaben bedacht, ursprünglich das Asyl der Leidenden war, zeichnet sich durch geschmackvolle Bauart und einige gute Bildsäulen aus. Die Freskomalerei an der Kuppel und der Wölbung des Presbyteriums, so wie das Altarblatt und die vier Evangelisten sind von den beiden böhmischen Meistern Lisska und Reiner; zwei andere vaterländische Künstler, Heintsch und Hanisch, haben mehrere Gemälde in den Kapellen und dem Kreuzgang geliefert; die Kreuzerhöhung, Mariens

Himmelfahrt und die heilige Anna sind von Will=
mann, die vier Kirchenlehrer, auf Kupfer gemalt,
aus der italiänischen Schule.

Das Collegium Clementinum bildet
gleichsam eine kleine Stadt in der Stadt. Hier wohnen
3 bis 400 erzbischöfliche Alumnen, oder künftige Welt=
priester, für deren Bildung es Kaiser Joseph II.
1784 bestimmte, nachdem es von 1556 — 1773 ein
Jesuiten = Collegium gewesen war. Außerdem enthält
es mehrere theologische und philosophische Hörsäle, das
altstädter Gymnasium, die k. k. Universitäts=Bibliothek
und Sternwarte, das geologische, mineralogische und
physikalische Kabinet, die Akademie der zeichnenden
Künste, die fürst = erzbischöfliche Buchdruckerei, die
Buchhandlung der k. k. Normalschule, 3 Kirchen, die
Wohnungen vieler Lehrer und Beamten u. s. w.

Die St. Salvatorskirche, ehemals die
Hauptkirche der Jesuiten, im Collegium Clementinum
mit einer überreichen Facade, besitzt ein Altarblatt, die
Verklärung Christi vorstellend, nach Raphael von
Häring recht wacker copirt.

Die St. Clemenskirche, an die vorige
gränzend, zeigt einen heiligen Leonard von Brandl,
der unter seine besten Gemälde gerechnet wird.

Die St. Jakobskirche gewährt einen wür=
digen, aber düstern Anblick, und enthält in ihren

Schatten ein schönes marmornes Grabmal des Mal=
theser = Großpriors, Freiherrn Wenzel Wratislaw
von Mitrowitz (gestorben 1712).

Das Nationaltheater, welches der Graf
von Nostiz 1781 erbauen ließ, ist gegenwärtig ein
Eigenthum der Stände, welche es der Theater = Direktion
nicht nur ohne Pacht überlassen, sondern überdieß von
Zeit zu Zeit neue Dekorationen und andere Requisiten
auf eigene Kosten anschaffen und eine Theater = Aufsicht=
Commission zur Oberleitung des ganzen Geschäfts er=
nannt haben.

Das alte Universitätsgebäude, nach
dem erlauchten ersten Gründer der hiesigen Hochschule
Carolinum genannt, ist vor einiger Zeit renovirt,
und auch der große Promotionssaal, dessen Wände mit
den Bildnissen der österreichischen Kaiser und Prager
Erzbischöfe geschmückt sind, und an welchen eine Kapelle
der Heiligen Cosmas und Damian stößt, so wie auch
der kleine Promotionssaal sammt dem Sitzungssaale der
medizinischen Fakultät modern decorirt worden. An
der Stelle des sonstigen Sitzungsaales der k. böhmischen
Gesellschaft der Wissenschaften, erstand im Laufe des
letzten Jahres ein neues Gebäude, das ganz dem Stu=
dium der Anatomie gewidmet ist.

Die St. Galluskirche wählte Joh. Huß,
um darin seine Glaubensmeinungen zu verkünbigen,

und seine Nachfolger versammelten sich in selber, bis zur Regierung Ferdinand II. Das Bild des Hochaltars ist von Skreta, der selbst zum Bau dieser Kirche mitwirkte, und darin begraben wurde.

Die Galligasse enthält den sogenannten Judentändelmarkt, wo diese ihre Waaren dem Vorübergehenden ziemlich laut und zudringlich anbieten. In der Kohlenmarktgasse, welche eigentlich nur eine Verlängerung der Galligasse bildet, haben sich christliche Tändler mit LederArbeiten, Meubeln u. s. w. angesiedelt.

Die Judenstadt, am rechten Moldauufer, gehört zwar zur Altstadt, doch bildet sie mit ihren winkeligen Gäßchen und hohen unansehnlichen Häusern, deren jedes mehrere Besitzer hat, und wo oft in einer Stube zwei bis drei Familien wohnen, ein eigenes abgeschlossenes Ganze von 279 Nummern, und zählt unter ihre Merkwürdigkeiten nebst dem Rathhaus, worin die Vorsteher die Angelegenheiten der Kinder Israels verhandeln, 9 Synagogen (unter welchen sich vorzüglich die Altschule als ein schönes Denkmal alterthümlicher Baukunst auszeichnet) dem jüdischen Kranken und Waisenhaus, vorzüglich den alten Friedhof von ungeheurem Umfange, mit Grabsteinen aus den ältesten Zeiten Prags erfüllt, den zu besuchen kein Reisender leicht versäumen sollte.

Die Neustadt, oder das zweite Hauptviertel, von 1269 Häusern, mit 10 Plätzen und 69 Straßen, von welchen sich viele durch größere Regelmäßigkeit auszeichnen, umschließt die Altstadt dergestalt, daß diese gar kein Thor besitzt. Sie enthält schönere und breitere Straßen als die Altstadt, doch sind ihre Häuser niedriger, mehrere Seitenstraßen und Plätze nicht gepflastert, große Gärten dehnen sich auf ihrem Raume aus, und der südliche und südöstliche Theil hat ein ganz ländliches Aussehen. Die meisten Sanitäts = und wohlthätigen Anstalten sind hier in großen und zum Theil stattlichen Gebäuden zu finden, und die freie, gesunde Lage dieses Stadttheils eignet denselben vollkommen, jenen den Raum darzubieten.

Der Graben, welcher die Gränze der Alt= und Neustadt bildet, und wie die neue Allee von einer Seite zu dieser, von der andern zu jener gerechnet wird, ist eine der schönsten Straßen Prags, und, zumal an der Neustädter Seite, mit schönen Häusern besetzt.

Der Roßmarkt, ein beinahe ganz regelmäßiges Oblang von 360 Klafter Länge und 25 bis 32 Klafter Breite, kann mehr eine große Straße (Stradone der Italiener) als ein eigentlicher Platz genannt werden. Er hat viele schöne und große Häuser, und ist seit einigen Jahren durchaus geebnet, wohl gepflastert, mit breiten Trottoirs versehen und mit Wasserbassins ver=

ziert worden. In der Mitte erhebt sich die Statue des heiligen Wenzels zu Pferde, welche ihn zum Schauplatz des frommen Volksfestes am 28. September macht.

Die neue Allee, eine gerade Straße, welche sonst eine doppelte Kastanienreihe in ihrer Länge durchschnitt, und die, mit Bänken besetzt, häufig als Abend-Promenade benutzt wurde. Vor Kurzem jedoch wurde, der allgemeinen Bequemlichkeit wegen, der mittlere Theil dieser Allee ausgehauen, und seitdem zogen sich auch die Spaziergänger mehr von derselben zurück; dagegen haben die Häuser dieser Strecke an Luft, Licht und Aussicht, und die dortige starke Passage an Raum und Sicherheit gewonnen.

Der Viehmarkt ist von sehr bedeutender Größe (280 Wiener Klafter lang und 80 breit), doch uneben und wird jetzt ganz gepflastert und mit Trottoirs versehen.

Das neustädter Rathhaus, welches gleichfalls schon im vierzehnten Jahrhundert aufgerichtet wurde, ist nach manchen Veränderungen vor einigen Jahren ganz überbaut worden, und stellt uns nun ein modernes Gebäude mit einem alten Thurm an dessen Ecke dar.

Aus einem aufgehobenen Kloster irländischer Franziskanermönche ist das imposante und zweckmäßige Hauptzollamtsgebäude hergestellt, und die ehemalige Kirche zur Waarenniederlage verwendet worden.

In der St. Heinrichskirche, die sonst nicht sehr interessant ist, findet der Kunstliebhaber einige schöne Altarblätter von den böhmischen Malern Skreta und Heintsch, und eine heilige Familie von Trevisano.

Die Kirche zu Maria Schnee, zuerst von Karl IV. zur Feier seiner Vermählung mit Blanka von Valois erbaut, wurde mehrmals zerstört, und ist das letzte Mal eben nicht in der edelsten Gestalt aus ihrer Asche hervorgegangen.

Die St. Stephanskirche enthält drei Altarblätter von Skreta: die Taufe Christi, St. Rosalia und St. Barbara, auch St. Stephan von Zimbrecht muß unter die gutgelungenen Bilder gezählt werden.

Das Stift Emaus wurde von Karl IV. an der Stelle gegründet, wo Wenzel der Heilige die Kapelle St. Cosmas und Damian erbaut hatte, und jener ließ daselbst durch die Benedictiner den Gottesdienst in slawischer Sprache halten, was aber unter Ferdinand III., welcher Benedictiner der strengen Regel von Montserrat hierher berief, wieder aufhörte.

Das Militär = Krankenhaus, ebenfalls ein ehemaliges Jesuiten = Collegium, ist das regelmäßigste der Gebäude, welches uns dieser Orden hinterlassen hat, und nimmt einen großen Theil der linken Seite des Viehmarktes ein.

Die Kirche zu St. Ignaz an demselben, mit

einem großartigen und reichen Portal, auf dessen Spitze
der Stifter des Ordens der Gesellschaft Jesu in ver-
goldetem Strahlenschein steht, hat ein Paar schöne Altar-
gemälde von Heintsch: St. Ignaz auf dem Hochaltar und den gekreuzigten Heiland in der Todtenkapelle.

Die Protestanten = Kirche, ehemals St.
Michael genannt, liegt in einer engen Seitenstraße
der Neustadt; hier hielt der bekannte Jacobell von
Mies Gottesdienst.

Die St. Adalbertskirche in der Gärber-
gasse besitzt ein vortreffliches Altarblatt von Brandl
(eine zweite diesem Heiligen geweihte Kapelle nächst dem
Pulverthurm ist zur Garnisonskirche bestimmt worden).

Im Spätherbst 1827 entstand unter den Auspi-
cien Sr. Excellenz des Herrn Oberstburggrafen in
Böhmen, Grafen Karl von Chotek, auf den Wällen
eine Promenade, die für Prag eben das zu werden ver-
spricht, was den Wienern ihr Volksgarten ist. Alle Be-
hörden boten zu diesem Unternehmen bereitwillig die
Hand; Hunderte von Handarbeitern fanden in einer
Jahreszeit, wo sie gewöhnlich erwerblos sind, hinlänglichen Brodverdienst, und die Arbeiten rückten mit einer
Schnelligkeit vorwärts, daß selbst die täglichen Augen-
zeugen derselben nur schwer ihren Sinnen trauten, Personen aber, welche ein paar Monate entfernt gewesen
waren, das Locale kaum wieder erkannten. Von Sr.

Excellenz aufgefodert, lieferten die Staatsherrschaften und mehrere benachbarte Gutsbesitzer junge Bäume und Gesträuche zu den Anlagen; Subscriptionslisten zur Bestreitung der Kosten des Ganzen wurden eröffnet, und die nöthige Summe zur Herstellung der ersten Abtheilung — vom Neu = bis zum Roßthor — wurde nicht nur zusammengebracht, sondern es blieb noch ein Ueberschuß, so daß später auch die Strecken vom Roß bis an das blinde und bis zum Spitelthore bepflanzt werden konnten. Auf dieser Ausdehnung wurde der Wall in mehreren Abstufungen geebnet, Hügel abgegraben, Vertiefungen ausgefüllt; Baum= reihen ziehen sich durch den ganzen Raum, und die Hügel hinab, kleinere, wellenförmig gekrümmte Pfade münden sich in dieselbe, und alle Abhänge sind mit Bäumen und Gesträuchen, an manchen Stellen mit Blumen bepflanzt. Zwischen und neben den Alleen dehnen sich Grasplätze aus, und eine große Zahl von Bänken ladet zur Ruhe ein. Den Hauptpunkt mit einer bedeutenden Aussicht auf die Stadt und Gegend ziert ein schöner Platanus, von ziemlicher Größe, rings von Ruhebänken umgeben. Diese neue Promenade wird bereits zu allen Tags = und Jahreszeiten stark besucht, und sowohl der Bejahrte, Schwache und Kränkliche — der nicht weit zu gehen vermag, und hier den schönen Roßmarkt entlang auf breiten Trottoirs gemächlich herauf schlendert, trippelt oder wankt — als der Geschäftsmann, dem seine Berufsarbeiten keinen ausgedehnteren Spaziergang gestatten, genießt auf diesem neu cultivirten Striche der freien Gottesluft, die hier, gegen Osten der Stadt, von vorzüglicher Reinheit, und besonders an den Abenden heißer Sommertage höchst erquickend ist.

Die Kleinseite, das dritte Hauptviertel, mit 523 Nummern, 8 Plätzen und 20 Straßen, liegt am linken Moldauufer, und obschon sie bedeutend kleiner ist als die Altstadt, enthält sie gleichwohl viele Gärten, deren manche von bedeutendem Umfange sind. Mit schönen Palästen und hohen Häusern besetzt, trägt sie ein sehr großstädtisches Ansehen, auch weniger Spuren des Alters im unregelmäßigen Anbau als die Altstadt, und wenn in dieser das Leben des Bürgers vorwaltet, so ist dagegen auf der Kleinseite der Sitz der höchsten Landesstellen.

Der kleinseitner Ring ist weder von beträchtlicher Größe noch regelmäßig; schöner ist der etwas höher liegende wälsche Platz, von stattlichen Gebäuden und der Nikolauskirche umgeben, auf dessen Mitte sich die Denksäule erhebt, welche die kleinseitner Bürgerschaft 1713 in Folge eines während der Pest geleisteten Gelübdes errichten ließ.

Die St. Nikolauskirche imponirt durch

ein großes Portal und die hohe Kuppel von Außen, und das Innere ist fast überreich an Marmor und Vergoldung, Säulen und Statuen geziert. Fast jede der vielen Kapellen enthält ein Bild von Skreta, unter denen sich vorzüglich das Kruzifix in der Todten=kapelle auszeichnet, so wie der Erzengel Michael von Solimena.

Das weitläufige Gubernial= und Landhaus sind der Sitz einer Menge Regierungs=Bureaux, so wie die Wohnung des Landeschefs. Das letztere war gleich=falls ein Eigenthum des Jesuiten=Ordens.

Die Malthefer Kirche ist ein interessantes alterthümliches Gebäude; von Wladislaw 1156 gestiftet, wurde sie 1256 durch einen Graben und eine Mauer befestigt, und mit einer eisernen vergoldeten Kette umgeben, woher sie den Namen „Maria unter der Kette" erhielt. Nächst der Kirche befindet sich das Grand=priorat des Maltheferordens und das Archiv mit vielen Urkunden, den Stammbäumen und Adelsproben der sämmtlichen böhmischen Ritter.

Die St. Thomaskirche besitzt einen Kunst=schatz an dem Bilde des heil. Augustinus von Rubens.

An der Moldau liegt das k. k. Artillerie=Zeug=haus mit allen Laboratorien.

Auf dem Schloßberge breitet sich der Hrad=

schin mit seinen 6 Plätzen, 16 Straßen und 189
Häusern stattlich aus. Als der Sitz des Fürst=Erz=
bischofs, des Domkapitels, des Prämonstratenserstiftes
Strahow und mehrerer anderer geistlicher Communitäten,
trägt er das Gepräge stillen feierlichen Ernstes, und
gleicht ziemlich der Residenz eines geistlichen Fürsten.
Unter seinen Gebäuden findet sich eine verhältnißmäßig
große Anzahl von Palästen und die kaiserliche Burg,
von Karl IV. (1333) nach dem Muster des Louvre
angelegt; aber in den folgenden Jahrhunderten vielfach
umgebaut und erweitert, welche gewiß sowohl an herr=
licher Lage als großartiger architectonischer Schönheit
und Umfang unter die schönsten Fürstensitze gehört.
Der geräumige freie Vorhof ist mit eisernen Gittern
umgeben, deren Steinpfeiler oben mit größeren und
kleineren Statuengruppen besetzt sind. Nicht minder
imposant und einer Kaiserwohnung würdig ist das
Portal, von dem italiänischen Architecten Scamozzi
1614 erbaut. Säulenordnung, Höhe und Verhältniß
des Gewölbes und die herrliche Treppe gehören unter
die Meisterstücke der Baukunst. Weitläufige Gebäude
umgeben die zwei großen innern Schloßhöfe, in dessen
erstem die Schloßkapelle vor den Gängen angebaut ist,
der zweite, der Domkirche gegenüber, enthält die Appar=
tements des Kaisers und vor denselben eine metallne
Bildsäule des heil. Georg zu Pferde von ziemlichem

Kunstwerthe, die sich gleichfalls aus Karl IV. Zeiten
herschreiben soll, und der Inschrift zu Folge von Martin
und Georg Cluffenbach 1373 verfertigt ist. Nur
die kleinere Zahl der Gemächer zeigt alterthümliche
Kaiserpracht, während die übrigen modern, einfach und
geschmackvoll eingerichtet sind. Der Wladislawsche
Huldigungssaal ist von beträchtlichem Umfange und
zeichnet sich durch ein kunstreiches Gewölbe ohne Pfeiler
aus; noch größer ist der hohe, lichte, spanische Saal,
welcher nebst dem daran stoßenden kleinern deutschen
Saal gewöhnlich zu allgemeinen Festlichkeiten während
der Anwesenheit des Monarchen verwendet wird. Unter
den Fenstern der Burg erinnern zwei kleine Denksäulen
an den Fenstersturz der kaiserlichen Statthalter im
ersten Viertel des siebzehnten Jahrhunderts. Das Gebäude, wie es jetzt sich glanzvoll erhebt, ist unter
Ferdinand I. begonnen und von seinen nächsten
Nachfolgern fortgesetzt, in seiner gegenwärtigen Gestalt
aber erst 1756 vollendet worden. Obschon bereits die
heidnischen Herzoge sich auf dieser Höhe angebaut hatten,
wechselten doch die folgenden Herrscher ihre Residenz
mehrmals und verlegten dieselbe bald wieder auf den
Wyssehrad, bald in den Theinhof. Karl IV. ließ die
alte Burg, später das Obristburggrafenamt genannt,
erneuern, baute noch einen Theil an und bezog dieselbe.
Die Ueberreste dieser alten Bauten sind in vieler Hin-

ſicht merkwürdig; mehrere Thürme, der weiße und der
ſchwarze, dann der Thurm Daliborka, und die
Gerichtsſtube mit einem alten Deckengemälde, Salo=
mons Gericht vorſtellend, mahnen an manche wichtige
Momente der Geſchichte Böhmens.

Der Schloßgarten, zwar im franzöſiſchen
Geſchmack angelegt, wird jedoch von Jahr zu Jahr
natürlicher und freier, und hat anſehnliche Gewächs=
häuſer. Hinter demſelben erhebt ſich das ſchöne könig=
liche Luſthaus Ferdinand I., gewöhnlich in irriger
Meinung das Obſervatorium des Tycho de Brahe
genannt (welches ſich am Loreto=Platz nahe bei den
Kapuzinern, von Holz erbaut, befand).

Durch einen gedeckten Gang mit der königlichen
Burg im Zuſammenhange, erhebt ſich, Ehrfurcht er=
regend, die Domkirche zu St. Veit mit ihrer
kühnen und offenen Bogenſtellung, welche den abſtehen=
den Thurm mit dem Kirchenſchiff vereinigt, als ein
herrliches Denkmal der neugothiſchen Baukunſt und
der Magnificenz des 14ten Jahrhunderts in Böhmen.
Schon Herzog Wenzel der Heilige hatte auf
dieſer Stelle eine Kirche erbaut, welche 1091 durch
eine Feuersbrunſt verheert und 1143 auf Befehl Herzog
Wladislaws neu aufgerichtet wurde. König Johann
von Böhmen legte 1344 den Grund zu dem gegen=
wärtigen würdigen Gotteshauſe und übertrug die Lei=

tung des Baues dem berühmten Meister Mathias von Arras, nach deſſen Tode aber vertraute Karl IV. die Fortſetzung dieſes Werkes dem Baumeiſter Peter Arler, de Polonia, der auch die Moldaubrücke und die Kirche zu Kolin baute, und die Domkirche bis zum Jahre 1386 ſo weit vollendete, als wir ſie noch jetzt bewundern. Wenzel IV. und Leopold I. hatten die Abſicht, die Kirche zu vergrößern und die St. Adalberts= kapelle zu überbauen, doch kam es nur bei dem erſten zur Ausführung, und ein hölzerner Bau wurde ein Raub der großen Feuersbrunſt von 1541, welche auch den vordern Theil der Kirche angriff, und nebſt einem ſpätern Brande die Urſache der unpaſſenden Erneuerung des Orgelchores wurde. Die noch ſichtbaren Reſte des Baues von 1673 ſind nicht dazu geeignet, Bedauern zu erregen, daß ſolcher nicht fortgeſetzt wurde.

Zur Feier der Heiligſprechung St. Johanns von Nepomuk wurde das coloſſale Frescogemälde an der Vorderſeite der Kirche von Profeſſor Schor gemalt, welches durch die Belagerung Prags im Jahre 1757 bedeutend beſchädigt und von Hager und Cra= molin reſtaurirt worden iſt.

Die Adalbertskapelle auf dem freien Platze vor der Domkirche enthält den heiligen Leichnam des böhmiſchen Biſchofs Adalbert, welchen der ſiegreiche Břetiſlaw I. aus Polen heimbrachte.

Der große Thurm, nach dem Brande von 1541 bedeutend verkürzt, ist nicht nach dem ursprünglichen Plane ausgebaut, erhielt auch im achtzehnten Jahrhundert, nachdem der Blitz in denselben eingeschlagen, ein neues kupfernes Dach, und steht in keinem eigentlichen Verhältniß zu dem Ganzen.

In dem Schiff der Kirche erhebt sich das prachtvolle Erbbegräbniß der Beherrscher Böhmens aus Marmor und Alabaster, auf Befehl Rudolphs II. oberhalb der königlichen Gruft erbaut, in welcher Karl IV. nebst seinen vier Gemahlinnen, Wenzel IV., Ladislaw, Georg von Podiebrad, Maximilian II. und Ferdinand I. beigesetzt sind, deren Bilder in Basrelief man an den Seiten des Mausoläums geschnitzt sieht. Zahlreiche Grabsteine, theils flach liegend, theils aufrecht stehend, und Denkmäler böhmischer Fürsten und berühmter Personen erfüllen die Kirche und die Seitenkapellen; doch sind viele derselben, wenn gleich aus dauerhaftem Stoffe errichtet, bereits verstümmelt.

Die St. Wenzelskapelle, an deren Pforte der metallene Ring mit dem Löwenhaupte gezeigt wird, woran sich der fürstliche Glaubensheld gehalten haben soll, als ihn sein Bruder meuchlerisch überfiel, enthält an ihren mit Vergoldung und böhmischen Steinen gezierten Seiten einige Wandgemälde aus dem Leben Wenzels, welche, im vierzehnten Jahrhundert ge-

malt, leider sehr nachgedunkelt haben und zum Theil
übermalt worden sind. Hier wird der Leichnam des
fürstlichen Martyrers, sein drahtgeflochtener Panzer,
Helm und Schwert (dessen letztern sich die Könige von
Böhmen bedienen, wenn sie bei ihrer Krönung nach
dem Herkommen einige Adeliche zu Rittern des heil.
Wenzels schlagen) gezeigt, und in gedrängter Fülle
bewahrt diese Kapelle mehrere Reliquien, Alterthümer
und Kunstwerke, eine metallene Bildsäule Herzogs
Wenzels, das Modell des Thurms, wie solcher aus-
zubauen bestimmt war, und das Eisen, welches in der
Vorzeit zu den Gottesurtheilen gebraucht, auf Befehl
Karl IV. aber hier eingemauert wurde.

Der Hochaltar der St. Veitskirche ist oberhalb
des Tabernakels mit einem Marienbilde (angeblich von
Hans Holbein) und dem heiligen Johann Evan-
gelist und heiligen Veit, von Thomas geziert, welche
letzteren eine Gabe des Königs Mathias sind.

In dem Seitengange zur rechten Hand erhebt
sich das kostbare silberne Grabmal des heiligen Johann
von Nepomuk, dessen Zunge eigens in einem kry-
stallnen Behältniß verwahrt und gezeigt wird. (Auch
außerhalb der Kirche befindet sich ein steinernes Monument des heiligen Johann, doch nicht von ausgezeichnetem Kunstwerth.) Ein uraltes Denkmal der bil-
tenden Kunst ist der große metallne Armleuchter in

der St. Siegmundskapelle (angeblich aus Salo-
mons Tempel), welchen Herzog Wladislaw aus
Italien in die Heimath gebracht und der Domkirche
verehrte. Der dreieckigte Fuß des Leuchters stellt eine
reiche und sonderbare Gruppirung dar: kleine Männer
sind vielfältig verschlungen mit Löwen, Lindwürmern
und andern wilden Thieren, die sie bekämpfen, und
ohne große Zierlichkeit erhält das Ganze, wahrscheinlich
ein Erzeugniß bizantinischer Kunst aus den Zeiten der
griechischen Kaiser, durch gute Zeichnung, Deutlichkeit
und Bestimmtheit einen bedeutenden Kunstwerth. Der
Obertheil ist in der neuern Zeit ergänzt und mit
Heiligenbüsten besetzt worden.

Das große Mosaikgemälde, welches
Karl IV. an der Kirchenwand verfertigen ließ, die
Auferstehung der Todten und die böhmischen Landes-
patrone nebst den Abbildungen Karl IV. und seiner
Gemahlin Elisabeth vorstellend, wurde seitdem über-
tüncht; zum Glück aber fiel der Mörtel nach und nach
wieder ab, und wir können dieß Denkmal alterthümlicher Kunst deutlich erkennen und betrachten.

Zunächst der kaiserlichen Burg auf dem Hradschiner Platz liegt die erzbischöfliche Residenz,
alterthümlich, aber mit fürstlicher Pracht decorirt, und
derselben gegenüber scheinen die beiden Schwarzen-
bergischen Gebäude als Repräsentanten der alten

und neuen Zeit sich zu erheben, das alte Majorats=
haus, schwarz und ehrwürdig, gleich einem Riesen
der Vorwelt, das neue, ein heiteres freundliches Ge=
bäude im modernen italiänischen Styl.

Das gräflich Černin'sche Haus auf dem
Loretto=Platz hat mehrere wackere Frescomalereien, vor=
züglich aber einen großartigen Plafond der Treppe von
dem böhmischen Meister Rainer.

Die St. Georgskirche, deren Aebtissin von
Karl IV. den fürstlichen Rang und das Vorrecht
erhielt, die Königinnen von Böhmen zu krönen, ist im
Anfang des zehnten Jahrhunderts von Wratislaw I.
erbaut, und enthält die Grabmäler der Herzoge Boři=
woj, Wratislaw I., Boleslaw II., der hei=
ligen Ludmila und der Aebtissinnen Milada,
Tochter Boleslaw I., und Kunigunde, Tochter
Přemisl Ottokars II. Die Kirche ist mit dem
Kloster 1782 aufgehoben, und bloß an den Festen der
Heiligen Georg und Ludmila wird solche eröffnet
und darin Gottesdienst gehalten. — Ihr gegenüber liegt
das von J. M. der Kaiserin Maria Theresia 1755
gegründete Damenstift, für solche, die acht Ahnen
von jeder Seite aufweisen können.

Nächst der einfachen Kirche der Kapuziner zu
Maria Geburt erhebt sich, von vielen Kapellen um=
geben, die Loreto=Kirche und das sogenannte heilige

Haus, von einer böhmischen Edelfrau Ludmila Popel von Lobkowitz, nach jenem zu Loreto erbaut, auf deren Thurm sich ein vielbesprochenes Glockenspiel an der Uhr befindet. Der Schatz dieser Kirche enthält eine große Zahl von goldenen und silbernen Gefäßen zum Gottesdienst und viele gestickte Meßgewänder.

In der hellen und geräumigen Maria Himmelfahrts=Kirche am Prämonstratenserstifte Strahow werden die Ueberreste des Erzbischofs Norbert von Magdeburg, Stifter des Ordens, auf dem Hochaltar bewahrt.

Unter die bedeutendsten neueren Verschönerungen Prags gehört der sogenannte hohle Weg, welcher die Spornergasse in gerader Linie mit der Südseite des Hradschins verbindet, und sich aus einer der unangenehmsten Passagen der Stadt plötzlich in einen der schönsten Punkte derselben, in eine bequeme Fahrstraße verwandelt hat. Die ganze Straßenstrecke wurde im Laufe des Jahres 1829 vom hiesigen Magistrate mit einem Canale versehen, die Gleichheit durch Abgrabungen und Aufschüttungen hergestellt, und derselbe gepflastert. Der Herr Prälat des Stiftes Strahow ließ die entstellende Mauer, welche den Klostergarten umgränzt, bis auf die Höhe von 3 bis 4 Fuß erniedrigen und neu herstellen, so daß der Reisende, welchem sonst auf dem beinahe unfahrbaren Wege nur eine düstere Mauer vor

Augen lag, nun durch den Anblick der schönen Gärten und Gartengebäude des Lorenzberges und eines großen Theiles der Stadt auf das Angenehmste überrascht wird. Auch das dort stehende Gebäude soll im nächsten Jahre eine mit dem Ganzen übereinstimmende gefällige Außenseite erhalten.

Die kleine Bergstadt Wyssehrad mit 71 Häusern, welche ihren eigenen Magistrat hat, war in den ältesten Zeiten der Sitz der böhmischen Herrscher, und auf dem Berge nächst der Moldau, erzählt die Chronik, habe schon Krok eine Burg aufgerichtet, welche mehrere seiner Nachfolger bewohnten, bis Kresomisl den Theinhof erbaute; doch findet sich auf der Höhe keine Spur von Gebäuden mehr, und wo das Schloß gestanden haben soll, befindet sich gegenwärtig das königliche Zeughaus.

Die Kirche der Apostel Peter und Paul erinnert nur an jene schöne, vom König Wratislaw II. in der Form des römischen Vatikan erbaute Kirche, die in einem alten Gemälde in der Kirche zum heiligen Pankraz zu sehen ist.

Vor dem Spitelthor gegen das Invalidenhaus zieht sich in einer malerischen Umgebung längs der schlesischen Straße und zwischen dem Fluß mit seinen Inseln und dem mit Gärten bedeckten Žižka = Berg Prags erste Vorstadt, Karolinenthal, mit 83

Nummern dahin, die seit einigen Jahren erst entstanden, daher noch unbedeutend und sehr unregelmäßig ist. Neben stattlichen Gebäuden, deren in den letzten Jahren mehrere entstanden und sich bereits gegen den Zizkaberg ausbreiten, stehen kleine Häuschen mit winzigen Fensterlein, die nur ein Erdgeschoß haben, und den Raum weniger Klafter einnehmen, und manches derselben dürfte wohl mit der Zeit eingerissen werden, um zweckmäßigern Bauten Platz zu machen. — Im Hintergrunde der Vorstadt erblickt man das erwähnte Invalidenhaus, 1730 in einem ausgedehnten Plane angelegt, doch leider kaum zur Hälfte ausgebaut.

Von Manchen wird auch das Dorf S m i c h o w vor dem Augezder Thore am linken Moldauufer eine Vorstadt genannt, doch mit Unrecht. Das Dorf wird meistens von Israeliten bewohnt, und ist rings von artigen Landhäusern und Gärten umgeben. Auch der k. k. b o t a n i s c h e G a r t e n liegt in dessen Bereich. Dieser hat innerhalb eines Jahrzehends beinahe eine gänzliche Umgestaltung erhalten; das alte Glashaus wurde bedeutend vergrößert und als dieses noch nicht hinreichte, die sich immer mehrenden Gewächse zu beherbergen, wurde ein neues Glashaus für tropische und Cap-Pflanzen erbaut. Durch eine eigene Wasserleitung wird er mit Moldauwasser hinlänglich versehen, welche zugleich ein terrassenartig gebautes, zur Cultur der Wassergewächse bestimmtes Wasserbehältniß mit Flußwasser versorgt. In diesem großen Wasserbehältnisse mit abgestuften treppenartigen Mauern kann sowohl den völlig schwimmenden als auch den zum Theil unter= getauchten oder am Ufer wachsenden Pflanzen ein ihrer Natur angemessener Standort verschafft werden; eine Verbesserung und Erweiterung steht dieser Anlage näch= stens bevor. Gegen Ueberschwemmung ist er jetzt durch einen eigens aufgebauten Damm größtentheils gesichert worden. Die Zahl der cultivirten Pflanzenformen be= trug im Jahre 1829 fast 10,000, die im Herbste dieses Jahres in eine neue zweckmäßige Ordnung gebracht wurden; auch das Arboretum sieht einer bessern Anlage entgegen. Eine besondere Zierde dieses Gartens ist die zahlreiche Alpenflora, welche Herr Professor Mikan durch viele Gebirgsercursionen hieher verpflanzte, und jeder Sachkundige findet sich angenehm überrascht, diese Bewohner hoher, steiler und eisiger Gebirge in dieser niedrigen Region in freudigem Gedeihen anzutreffen.

Die Bewohner Prags, ihr Charakter und ihre Lebensweise.

Die Einwohner sind, der Abstammung nach 1) Böhmen (Czechen); 2) Deutsche, welche von Karl IV. zu Tausenden hingezogen wurden; auch seit dem dreißigjährigem Kriege wanderten viele ein, und beide Stämme haben sich im Laufe der Zeit so vermischt, daß die Merkmale ihrer Abkunft beinahe ganz verschwunden, und die Sprache beider Völker den meisten geläufig ist; 3) Juden und 4) Italiäner, welche letztere von hergezogenen Kaufleuten entsprossen, eine Colonie von einigen hundert Köpfen bilden. Diese gesammte Bevölkerung beläuft sich nach der letzten allgemeinen Volkszählung im Jahre 1827 auf 88,180 Eingeborne, 14683 Fremde aus den böhmischen Kreisen, 653 aus den Erbstaaten und 681 Ausländer (darunter etwa 7500 Juden). Wenn man hierzu die Bewohner der Stadt Wyssehrad, der Vorstadt Karolinenthal und die in Kasernen wohnende Garnison mit 12,350 Mann rechnet, und die abwesenden 1454 Prager Eingebornen abzieht, so kann man die gesammte Bevölkerung von 1827 beinahe auf 116,000 Seelen berechnen. (Siehe Anhang).

Die Zahl der Heurathen hat in den letzten Jahrzehenden abgenommen, und wir wollen den Grund dieser Erscheinung nicht, wie Herr Dr. Stelzig in seiner medizinischen Topographie von Prag, in der wachsenden Sittenverderbniß suchen, sondern nur in den Zeitläuften, die es dem Manne immer mehr erschweren, sich in den Jahren der Blüthe und Kraft zu vermählen, und bei den Meisten die Möglichkeit, die Frau zu ernähren, erst bei herannahendem Alter herbeiführen.

Es dürfte wohl zu den mißlichsten Unternehmun= gen gezählt werden, die Charakteristik der Bewohner einer großen Stadt im Umrisse zu liefern, da Ton und Verhältnisse der höhern Stände sowohl als der Mittel= klasse sich in allen ähneln, und die kleinern Verschieden= heiten der Lebensweise erst im Detail bemerkbar werden. Unter die Hauptzüge des Prager Lebens gehört eine ziemlich strenge Scheidelinie zwischen dem Adel und dem Bürgerstande; jener hat seine Assembleen, Bälle und Concerte, dieser seine kleinern Gesellschaftskreise, ohne in Berührung zu kommen, was jedoch in früherer Zeit nicht der Fall war, wo z. B. die Bälle des Baron von Bretfeld die adeliche mit der gebildeten Bürger= gerwelt in fröhlicher Versammlung verbanden. Die Mittelklasse hat keinen gesellschaftlichen Vereinigungs= punkt von größerem Umfange, sondern bildet viele ein= zelne Gruppen; einige Familien, die durch Freundschaft oder Verwandtschaft verbunden sind, kommen zusammen, machen sich gegenseitige Besuche oder bringen die Abende, an welchen das Theater nicht besucht wird, wechselweise bei einander zu, wo dann die Alten entweder eine Spiel= parthie arrangiren oder kannegießern, während die Ju= gend sich harmloser Freude überläßt, musicirt oder tanzt. In einigen Privathäusern sind gewisse Abende in der Woche zur Quartett = Musik, oder Vocalconcerten be= stimmt, auf welche ein freundliches Mahl folgt.

Den Sommer bringt der Adel und andere reiche Gutsbesitzer auf dem Lande oder in Badeorten zu, und ein großer Theil der Zurückbleibenden bewohnt eigene oder gemiethete Landhäuser in den Umgebungen der Stadt oder den nahgelegenen Dörfern.

Wohlthätigkeitssinn herrscht in allen Volksklassen, und die zahlreichen, wohlthätigen Anstalten, welche hier bloß durch Beiträge von Privatpersonen gegründet und erhalten werden, liefern den Beweis dafür.

In den untern Klassen der Stadtbewohner spricht sich der slawisch-böhmische Volkscharakter nicht so deutlich und ungetrübt als bei den Landbewohnern aus, da der Einfluß des städischen Lebens manchen Zug desselben verwischt. Uebrigens findet sich bei der gewöhnlichen Lebhaftigkeit und den mancherlei guten Eigenschaften des Böhmen im Ganzen nicht nur nach allgemeinem slawischen Gebrauch eine große Demuth gegen höhere Personen, sondern zugleich eine ganz eigene Courtoisie gegen ihres Gleichen, die jedoch nicht weiter geht, als daß sie sich untereinander „Sie" nennen; aber bei dem geringsten Anlaß werden „Ihnen" so derbe Brocken zum Besten gegeben, als das Volk anderer Städte mit „Ihr" austheilt.

Das schöne Geschlecht in Prag, welches im Allgemeinen in den letztern Jahrzehenden auch in geistiger

Bildung sehr gewonnen hat, behauptet noch immer seinen alten Ruhm, reich von der Natur mit Reizen ausgestattet zu seyn, und die Stadt besitzt in der That viele schöne Töchter, die meisten mit dunkeln glänzenden Locken und kräftig blühender Gestalt. Die Moden kommen von Wien zu uns, und nur einige Herren und Damen nehmen mit selben allerhand Modifikationen und Verbesserungen vor. Im Ganzen kleidet man sich ziemlich elegant, ohne Zwang und allzusichtbarer Achtsamkeit auf die Toilette.

Der Luxus in Zimmerdecorationen, Meubeln und Equipagen ist bedeutend gestiegen, und manche königliche Residenz des Auslandes bleibt hierin weit hinter Prag zurück; dagegen hat der Tafelluxus, welchen uns unsere nördlichen Nachbarn oft so bitter vorwarfen, sehr abgenommen; doch wird noch immer gut gegessen, und die alte böhmische Gastfreiheit ist keineswegs verschwunden, nur etwas in Schranken gebracht.

Die Erziehung der Kinder wird mit weit mehr Sorgfalt betrieben, als sonst; die französischen Hofmeister und Gouvernanten verschwinden immer mehr in adelichen und Bürgerhäusern und die kostbaren Zweige unserer alten Stämme werden vaterländischen Erziehern anvertraut, die gewiß ihren Geist und ihr Herz mehr der Heimath zuwenden, als jene fremden Schmarotzerpflanzen, die schon in der ersten Jugend ihren Zöglingen

Gleichgültigkeit, vielleicht Verachtung ihres Vaterlandes und ihrer Landsleute einprägten.

Die eigenthümliche Zurückhaltung des Böhmen erschwert es dem Fremden, der ohne Empfehlungen nach Prag kommt, hier so schnell heimisch zu werden, als in mancher andern größeren oder kleineren Stadt, und in diesem Falle muß er sich selbst Bekanntschaften suchen; denn großes Zuvorkommen wird ihm nur in seltenen, einzelnen Fällen zu Theil werden; hat er jedoch nur an einige bessere Häuser Empfehlungsbriefe, so wird er gastlich aufgenommen und findet Gelegenheit, durch neue Bekanntschaften, die man ihm zu verschaffen sucht, seinen Aufenthalt angenehm zu machen.

Handel und Gewerbe.

Prag besitzt gegenwärtig 563 Kaufleute. a) Mit Colonial = Waaren, Landesprodukten, in Commissions= und Speditionswaaren, dann Wechselgeschäften 197. — b) Mit Schnittwaare, Tuch, Kasimir, Leinwand, Seide, Strumpfwirkerwaaren u. s. w. 65. c) Galanterie= händler 60. — d) In Eisen =, Stahl = und Messing waaren 23. — e) Buchhändler 11. — f) Papierhändler 8. g) Israelitische Handelsleute 199 (41 davon in der Judenstadt). Ferner 58 Fabriken: Cichorien=Kaffee 8. Kattun = und Leinwand = Druck 21 — Fischbein 4 —

Handschuhe 5 — Leder 1 — Liqueur 13 — Neu= und
Waschblau 2 — Seidenzeuge 1 — Steingut 1 —
Wollenzeuge 1 — Zucker 1. — Zur Aufmunterung
des vaterländischen Gewerbfleißes hat die hohe Landes=
stelle auf Anregung des Herrn Gubernialrathes Joseph
Eichhof im Jahre 1828 eine jährliche Ausstellung
böhmischer Gewerbsprodukte angeordnet, welche im ge=
nannten Jahre in den Monaten August und September,
1829 aber im Juni und Juli Statt hatte, und den
Beifall aller Kenner und kunstverständiger Fremder
fand. Die erste Ausstellung brachte (obschon eine große
Zahl von Fabriken nichts lieferte) 1483, die zweite schon
2213 Nummern; doch ist oft unter Einer Nummer
eine große Zahl von Gegenständen vereinigt. Für das
letztere Jahr geruhten Seine Majestät der Kaiser und
König, stets geneigt, Ihre Unterthanen zu Fortschritten
aufzumuntern, und patriotische Unternehmungen zu
würdigen, die Prägung und feierliche Austheilung von
Denkmünzen zu genehmigen, welche auf der einen
Seite den vorwärts schreitenden böhmischen Löwen mit
der Unterschrift: „Wlast cti cesťau pŕicinliwost" (das
Vaterland ehrt den böhmischen Gewerbsfleiß), auf der
andern in einem Eichenkranze den Namen des Be=
theilten und die Jahreszahl weisen. Diese Denkmünzen
werden unter Vermittelung Sr. Excellenz des k. k.
Regierungspräsidenten zu Mailand, Herrn Grafen

Straßoldo, und unter der Leitung des k. k. Münz=
direktors Caldarini von den k. k. Münzgraveurs Man=
frebini und Cossa in Mailand mit vollendeter Kunst=
fertigkeit gestochen, und im dortigen Münzamte in
Gold, Silber und Bronze geprägt. — Nachdem seit
Jahren ungeheure Lasten von Knochen von Böhmen
verführt, um im Auslande sowohl als Düngemittel,
in England sogar als Materiale zur Mastung ver=
wendet zu werden, ist endlich auch hier eine Knochen=
mehl = Fabrik errichtet worden, und dieß Materiale zur
Düngung wird in öffentlichen Blättern, nebst An=
preisung seiner größern Wirksamkeit als des gewöhn=
lichen thierischen Düngers (?) und Anführung bekann=
ter Oekonomen, welche dessen Erzeugung beförderten,
bekannt gemacht. — Vermehrte Bequemlichkeit und er=
höhte Blüthe des Prager Handels versprechen zwei Werke,
deren Vollendung wir in den nächsten Jahren zu hoffen
haben. 1) Die Kettenbrücke über die Moldau
nächst des neustädter Damenstiftes, und 2) die Pils=
ner Eisenbahn. Zu dem Bau der Kettenbrücke
von 138 Klafter Länge und 6½ Klafter Breite hat
Se. Excellenz der Oberstburggraf in Böhmen, Herr
Graf Karl von Chotek, eine Aktiengesellschaft versam=
melt, die sich immer mehr ihrer Vollzähligkeit nahet.
Die Vortheile einer solchen Brücke — deren Idee schon
der Vater unsers Landeschefs, Herr Graf Rudolph

von Chotek Excellenz, als er dieselbe Würde bekleidete, aufgefaßt, und nur durch die damaligen Zeitumstände an der Realisirung verhindert wurde — sind unübersehbar; denn abgerechnet, daß alles schwere Fuhrwerk, das sonst durch einen beschwerlichen Hohlweg auf die Kleinseite gelangte, dann erst die lange Moldaubrücke und die ganze Altstadt passiren mußte, das Pflaster der Stadt ruinirte und den Fahrenden und Gehenden Ungemächlichkeit, oft auch Gefahr brachte, nun über eine gute Chaussee um die Stadt fährt, wird auch derjenige Theil der Stadt von dem Mauthgebäude bis zum Flusse hin eine ganz andere Gestalt und großen Flor erhalten, und alle Besitzer von Häusern in jener Nachbarschaft können um so lieber der Actiengesellschaft sich anreihen, als ihr Eigenthum durch den Bau dieser Brücke beträchtlich am Werthe zunimmt. — Die neueste Länder = und Völkerkunde (das Kaiserthum Oesterreich, 9te Abtheilung) liefert bereits eine Abbildung nach deren Plan, welchem zufolge diese Brücke gewiß eine der schönsten Zierden unserer Stadt werden dürfte.

An der Spitze des Vereines zur Errichtung der Pilsner Eisenbahn, welche unter der Leitung des gelehrten Gubernialraths und Wasserbaudirektors Ritter von Gerstner erbaut wird, steht S. D. der k. k. Haus= Hof= und Staatskanzler, Fürst von Metternich. Sie soll eine geometrische Länge von 21½ Meile erhalten,

und ist gleichfalls auf Actien begründet. Diese Bahn
wird mit gußeisernen Schienen auf zusammenhängende
mit Schwalbenschweifen versehene Quadersteine in der
Stärke von einem Schuh gelegt, und diese Quadersteine sowohl in der Mitte, als an beiden Seiten mit
einem stehenden Steinpflaster befestiget, in der Mitte,
wo das Pferd läuft, wird das Pflaster, wie bei gewöhnlichen Kunststraßen, beschottert. Die Quadersteine werden auf eine gute Grundmauer gelegt. Sie läuft von
Pilsen in den dazu geeigneten Niederungen bis an das
Prager Sandthor, wo sie sich in zwei Arme theilt,
deren einer bei Kleinbubna, der andere bei der Kaisermühle an den Fluß führt. Die Menge Landesprodukte,
die der Rakonitzer und Pilsner Kreis erzeugt, vorzüglich Eisen, Steinkohlen, dann Brenn-, Nutz- und Bau-
holz aus den großen Waldungen der ausgedehnten Herrschaften Plaß und Pürglitz, welche letztere allein nach
der systematischen Abschätzung an 800,000 Klafter
der schönsten, schlagbaren Bauhölzer enthält, und bis
zum Jahre 1825 von beiden Herrschaften jährlich bei
36,000 Klafter disponiblen Brennholzes auf der Beraun nach der Hauptstadt herabgeschwemmt wurden,
können dann in weit geringerem Preise verführet werden.
Letzteres wird in der Folge der Hauptstadt um so noth-
wendiger, als ein großer Theil des bisher aus den un-
geheueren Waldungen des Budweiser Kreises bezogenen

Bedarfs dieses Brennmaterials mittelst der Budweiser
Eisenbahn nach Linz und von da nach Wien auf der
Donau verführt werden dürfte. Indem eines Theils
die Eisenbahn bis an die schiffbare Moldau geführt
wird, so bildet sie gleichsam eine Vermittlerin zwischen
dem westlichen Böhmen und der Elbeschifffahrt, durch
welche manche Landeserzeugnisse zu Ausfuhr = Artikeln
gemacht werden, die es früher nicht waren. Da ferner
Pilsen selbst bedeutende Märkte hat, und die Eisenbahn
hier mit den drei Haupt = Reichskommerzialstraßen zu-
sammentrifft, welche Böhmen und den Norden überhaupt mit Süd=Deutschland verbinden, so werden auch
bedeutende Manufaktur =, Kaufmanns = und Transito-
Güter, so wie Aerarialgüter als Retourfracht auf dieser
Eisenbahn verführt werden können. Der Bau dieser
Eisenbahn hat bereits im Jahre 1828 begonnen, nachdem früher der Straßenzug bereits geometrisch aufgenommen, nivellirt, und auch sonstige Vorarbeiten unternommen worden, und schreitet rüstig vorwärts. — Ein
bedeutender Hebel des böhmischen Handels ist auch die
Elbeschifffahrt geworden, welche Deutschland großentheils
der mächtigen Einwirkung Oesterreichs verdankt. Die
Gesammtmasse aller auf der Elbe in Böhmen 1828
verführten Güter und Waaren betrug nahe an 900,000
Hamburger Centner (à 112 Pfund); nämlich 726,700
Centner 12 Pfund aus Böhmen ins Ausland; 73,059

Centner 90 Pfund aus dem Ausland nach Böhmen, und 98,405 Centner 59 Pfund in Böhmen zwischen Melnik und der Gränze. Wenn man jedoch den Einfluß dieser gleichsam ganz neu eröffneten Schifffahrt, welche vorzüglich Böhmens Activhandel zu begünstigen scheint, vollkommen kennen lernen will, ist es nothwendig die einzelnen Abtheilungen in genauere Betrachtung zu ziehen. Die vornehmsten Gegenstände des Ausfuhrhandels waren: Asche 2320 Ctr. 24 Pfd. — Eier 1096 Ctr. 110 Pfd. — Eisen, roh, dann Stahl- und Eisenwaaren 2,251 Ctr. 29 Pfd. — Erd- und andere Mineralfarben 7,418 Ctr. 59 Pfd. — Feldspath 902 Ctr. — Getreide 15,609 Ctr. 19 Pfd. (Von den drei Hauptarten wurden am meisten Gerste — 9529 Ctr. 48 Pfd. — Weizen 3145 Ctr. 8 Pfd. und Roggen 554 Ctr. 32 Pfd., von den übrigen Arten am meisten Linsen ausgeführt. Der active Getreidehandel begann überhaupt erst im Herbst, während in den früheren Monaten solches eingeführt werden mußte.) Glas und Glaswaaren 35,514 Ctr. 71 Pfd. (besonders lebhaft in den ersten Monaten), Graphit 10,087 Ctr. 6 Pfd. — Rohe Häute 1819 Ctr. 34 Pfd. — Holz 515,676 Ctr. 9 Pfd. (nämlich a) Bau- und Nutzholz 306,801 Ctr. 61 Pfd., b) Brennholz 205,581 Ctr. 23 Pfd. und c) Holzwaaren 3293 Ctr. 37 Pfd.) — Kleesamen 12,242 Ctr. 72 Pfd. — Knochen 13,579 Ctr.

16 Pfd. — Leinwandwaaren 1871 Ctr. 28 Pfd. — Maultrommeln 50 Ctr. 77 Pfd. — Mineralwässer 5721 Ctr. 66 Pfd. — Frisches und gedörrtes Obst 27,988 Ctr. 25 Pf. — Oelkuchen 881 Ctr. 87 Pfd. — Resonanzböden 516 Ctr. 12 Pfd. — Schafwolle (die meist auf der Aare verführt wird) nur 56 Ctr. 83 Pfd. — Schmalte 1504 Ctr. 64 Pfd. — Schmelztiegel 887 Ctr. 4 Pfd. — Schwefelsäure 552 Ctr. 8 Pfd. — Sensen 850 Ctr. 37 Pfd. — Siebböden und Ränder 653 Ctr. 88 Pfd. — Steinkohlen 27,458 Ctr. 50 Pfd. — Stroh und Strohwaaren 5,033 Ctr. 73 Pfd. (Im Oktober allein betrug die Ausfuhr 2,304 Ctr. 23 Pfd.) — Vitriol und Vitriolöl 697 Ctr. 31 Pfd., und viele andere Artikel in geringerer Menge. Die wichtigsten Einfuhrs-Artikeln waren: Baumwolle und Baumwollengarn 4687 Ctr. 36 Pfd. — Cichorien= wurzel 1689 Ctr. 27 Pfd. — Farbhölzer 5659 Ctr. 57 Pfd. — Fische 632 Ctr. 107 Pfd. — Fischthran 2132 Ctr. 5 Pfd. — Getreide 10,631 Ctr. 78 Pfd. (nämlich vom April bis Juli 8148 Ctr. 38 Pfd. Weizen, und im Juni und Juli 1247 Ctr. 101 Pfd. Roggen und 1235 Ctr. 31 Pfd. Gerste) — Gewürze 1181 Ctr. 50 Pfd. — Kaffee 4881 Ctr. 35 Pfd. — Krapp 1961 Ctr. 89 Pfd. — Kreide 1697 Ctr. 52 Pfd. — Maschinenbestandtheile 57 Ctr. 45 Pfd. — Quercittonen = Rinde 1011 Ctr. 45 Pfd. — Sand=

steine 923 Ctr. 84 Pfd. — Thongeschirre 576 Ctr.
6 Pfd. — Wein und Rum 540 Ctr. 8 Pfd. —
Raffinirter Zucker 1686 Ctr. (Im Jahre 1805 11220
Ctr.) — Rohzucker 25,782 Ctr. 32 Pfd. — Auch
die allerhöchste Anordnung zweier Wollenmärkte in
Böhmen (zu Prag und Pilsen) muß als ein neuer
Beweis der landesväterlichen Sorge für die Beförderung
der National = Industrie anerkannt werden, wenn gleich
ihre wohlthätigen Folgen sich erst von Jahr zu Jahr
mehr entfalten werden. Nichtsdestoweniger dürften sie
von Sachkundigen um so leichter im Voraus eingese-
hen werden, als der Wollhandel mit dem Auslande
vor dieser Einrichtung ganz in den Händen einiger
weniger Handlungshäuser lag, deren Vermittelung dem
Wollproducenten zum Absatz seiner Waare unentbehrlich
war, während er, vermittelst jener Märkte, mit den
in = und ausländischen Käufern in unmittelbare Berührung tritt. Die Kosten der Zufuhr nach dem
Marktplatze dürften sich nicht allein durch den augenblicklichen Verkauf, sondern noch mehr durch die Be-
kanntschaft mit ausländischen Wollspeculanten und in-
ländischen Fabrikanten, und die mit denselben abzuschlie-
ßenden Handelsverbindungen belohnen, die sodann, wenn
die Waare sich als gut bewährt, Accorde für die Zu-
kunft vorbereiten dürften, ohne daß man einer aber-
maligen Zufuhr auf die Märkte bedürfte. Der Um-

stand, daß dem Prager Wollmarkt in 14 Tagen ein
zweiter in Pilsen folgt, welcher den Grundbesitzern des
Pilsner, Klattauer, Elbogner und zum Theil auch des
Prachiner und Berauner Kreises eine nähere Zufuhr
darbietet, verschafft auch den Wollverkäufern, welche
ihre Wolle auf dem ersten nicht absetzten, und den
Käufern, welche ihren Bedarf daselbst nicht decken
konnten, Gelegenheit, Absatz und Waare unmittelbar
auf diesem zweiten Markte zu suchen. Ein eigner Vor-
zug, den die Regierung den böhmischen Wollmärkten
vor den auswärtigen huldvoll zugestanden hat, ist die
Befreiung von allen städtischen Abgaben, die anderswo
bestehen, und auch hier außer der Marktzeit bezahlt
werden müssen, da die Wolle während derselben nichts
zu entrichten hat, als die unbedeutende Colli = Mauth
und Waggebühr. Eine größere Concurrenz von Käufern aus dem Auslande sowohl als den übrigen
Provinzen des Kaiserstaates, welche diese Wollmärkte
auf Einem Punkte vereinigen, muß natürlich die
Wollpreise heben, und das Streben nach Veredlung
der Schafe immer mehr ermuthigen und befördern,
und selbst die böhmischen Tuchfabrikanten, welche bisher ihren Bedarf meist aus der zweiten Hand von den
Wollhändlern bezogen, werden lieber die böhmischen
Märkte besuchen, und sich daselbst mit dem nöthigen
Materiale versehen. Der erste dieser Wollmärkte vom

19. — 26. Juni 1827 zeigte — nach dem Sprichwort: Aller Anfang ist schwer — eine zu kleine Menge verkäuflicher Wolle; der zweite (1828) entsprach den Hoffnungen besser, und wenn der dritte (1829) hinter den Erwartungen zurück blieb, so lag dieß in den augenblicklichen Conjuncturen, und darf die Wollproducenten nicht abschrecken, die Sorgfalt für Veredlung der Wolle fortzusetzen, deren Fortschritte eben so auffallend als bedeutend sind. Viele Herrschaften erzeugen Wolle, die der spanischen und sächsischen nicht nachsteht, und wenn in früherer Zeit die geringe Aufmerksamkeit, welche man auf ihre Reinigung und Sortirung verwandte, dem Credit der böhmischen Wolle schadete, so zeigen die Resultate des letzten Jahres auch in dieser Hinsicht bedeutende Verbesserungen.

Gewerbskunde von Prag.

Zur Unterstützung der ärztlichen Hilfe in Krankheitsfällen hat Prag: Apotheker 14 — Chirurgische Officinen 36 (24 christliche und 12 israelitische) — und Hebammen 127 — Kunstgewerbe: Appreteurs 2 — Bereiter 4 — Bildhauer 7 — Blumenmacherinnen 3 — Buchdrucker 10 — Chemist 1 — Dampfmaschinen = Luftheizungs = und Gasbeleuchtungsverfertiger 1 — Edel=

steinschneider 2 — Fechtmeister 2 — Glockengießer 3 — Gypsfigurenmacher 2 — Graveurs 9 — Instrument= macher (mathematische und physische) 2 — Kupfer= stecher 6 — Kupferdrucker 12 — Maler 25 — Maschinen= Drechsler 2 — Modell= oder Formstecher 7 — Optiker 3 — Schriftgießer 2 — Sprachlehrer 6 — Staffierer 12 — Steindrucker 4 — Stuckarbeiter 2 — Tanzmeister 6 — Kunst=Uhrmacher 1 — Wagenlackirer 11 — Zahnärzte 6.

Ungezünftete bürgerliche Gewerbe.

Alaunledermacher 10 — Branntweinbrenner 67 — Butter= händler 53 — Chocoladebereiter 5 — Compositions= Knopfmacher 4 — Essigsieder 7 — Farbenbereiter 3 — Federschmücker 3 — Fleischselcher und Wurstmacher 20 — Flitterschläger 2 — Goldsticker 2 — Golddrahtzieher (falsch) 2 — Griesler 60 — Holzhändler 55 — Leinwand= händler 30 — Macaronimacher 1 — Maskenschneider 1 — Obsthändler 38 — Pappendeckelmacher 2 — Pergament= arbeiter 1 — Parfumeur 1 — Regenschirmarbeiter 4 — Ringelschmiede 2 — Rosogliozieher 13 — Salami= macher 5 — Saitenmacher 7 — Salitersieder 2 — Schön= und Tuchfärber 4 — Siegellackmacher 3 — Spiegelarbeiter 2 — Stärke= und Haarpuderfabrikan= ten 12 — Strohhutarbeiter 10 — Strumpfstricker 5 — Tändler 18 — Tapezierer 15 — Tuchwalker 1 — Uhr= gehäusmacher 2 — Wattenmacher 4 — Wildpret= händler 7 — Ziegelbrenner 5 — Zuckerbäcker 21. —

Gezünftete Gewerbe. Bäcker 77 — Bierbräuer und Bierverleger 69 — Bierschänker 361 — Blecharbeiter 17 — Buchbinder 29 — Bürstenbinder 9 — Drechsler 15 — Faßbinder 55 — Fleischhauer 75 — Gärtner 57 — Glaser 29 — Gold- und Silberdrahtzieher 3 — Gold- und Silber-Galanterie-Arbeiter 69 — Gürtler 9 — Handschuhmacher 22 — Hufschmiede 30 — Hutmacher 31 — Instrumentenmacher (mus.) 17 — Kammmacher 17 — Kartenmaler 9 — Kupferschmiede 8 — Landkutscher 20 — Lederarbeiter 4 — Maurermeister 12 — Messingarbeiter 8 — Müller 40 — Nadler 11 — Pelzarbeiter 29 — Perückenmacher 37 — Pfefferkuchenbäcker 9 Pflasterer 4 — Posamentirer 25 — Rauchfangkehrer 13 — Riemer 18 — Roth- und Lohgärber 26 — Sattler 27 — Schlosser, Sporner, Windenmacher und Nagelschmiede 58 — Schneider 517 — Schuhmacher 220 — Schwarzfärber 6 — Schwertfeger 9 — Schleifer 6 — Seidenfärber 5 — Seidenweber 12 — Seifensieder 13 — Seiler 15 — Siebmacher 9 — Steinmetzer 3 — Steinschneider 14 — Stöckelschneider 11 — Strumpfwirker 27 — Tischler 84 — Töpfer 14 — Tuchmacher 34 — Tuchscherer 9 — Uhrmacher 30 — Wachszieher 10 — Waffenschmiede 14 — Wagner 18 — Weißgärber 3 — Wollenzeugmacher 36 — Zeug- und Stahlarbeiter 20 — Ziegeldecker 7 — Zimmerleute 10 — Zinngießer 10.

Oeffentliche Unterhaltungen.

Carneval, Concerte, Theater und Spazier= gänge.

Das Prager Carneval war einst durch den Glanz und wechselnde Mannigfaltigkeit seiner Belustigungen berühmt, und wurde selbst jenem der Kaiserstadt vor= gezogen; doch hat sich diese Scene gewaltig verändert. Denn statt des bunten glänzenden Maskenballs, welcher damals den wöchentlichen Reigen der Tanzfeste eröffnete, von einem muntern Verein aller Stände besucht, in welchen sich zu mischen selbst die vornehmsten Damen nicht verschmähten, zeigten die letzten Jahre am Sonn= tag gewöhnlich eine leere Redoute: einzelne geschmack= lose Masken, aus der Garderobe des Maskenschneiders oder der Trödelbude schlichen oder sprangen stumm hin und her, und wurden von den Nichtmaskirten geneckt, statt sie mit Witz und Laune zu verfolgen. Nur die Redoute am dritten Sonntag des Carnevals und jene am Faschingsdienstag versammelten noch eine zahlreiche Gesellschaft. Die niedern Bürgerklassen besuchen die Bälle im Bade und Convikt, und die Höheren, welche gar keine öffentliche Tanzbelustigung mehr haben, müssen sich mit Hausbällen und Pickeniks behelfen, die freilich für die leidenschaftlichen Tanzliebhaber eigentlich die günstigsten sind; aber der Fremde, der gerade zur

Carnevalszeit hieher kommt, wird mit diesen Einrich=
tungen schwerlich so zufrieden seyn, als mit den Ball=
festen der früheren Zeit, wo er die Flora der Prager
Schönen auf einmal, gleich einem prangenden Nelken=
beete, überschauen konnte.

Nur die Carnevalsvergnügungen der adelichen
Kreise haben ihre frühere Gestalt behalten, und im
Gegentheil vielleicht noch an Glanz zugenommen; die
ersten derselben sind die adelichen Gesellschaftsbälle, zu
welchen auch das Militär und höhere Staatsbeamte
Zutritt haben, doch nicht häufig benutzen. Kleinere
gebetene Gesellschaften versammeln einige der hiesigen
Cavaliere zu Tanzfesten und andern glänzenden Lust=
barkeiten, die Pracht und Geschmack vereinen und ge=
wiß die Bewunderung jedes Fremden erregen werden,
welcher Gelegenheit hat, denselben beizuwohnen.

Die Unterhaltungen des Advents und insbesondere
der Fastenzeit, bestehen in Concerten, welche meisten=
theils im Convictsaale abgehalten werden.

Unsere Schaubühne, seit ungefähr dreißig Jah=
ren ein Eigenthum der böhmischen Stände, mußte
unter der Leitung des Direktors Liebich zu den ersten
dramatischen Instituten gezählt werden, und besitzt auch
jetzt noch, obschon Todesfälle und der Abgang mancher
Künstler und Künstlerin, welche gegenwärtig deutsche
Hofbühnen zieren, ihr manche Zierden raubten, mehrere

ausgezeichnete Mitglieder, die ihr einen Platz unter den
bessern Bühnen Deutschlands sichern. Die Nähe Wiens
bringt es mit sich, daß die Prager Bühne gewisser=
maßen als eine Pflanzschule für das k. k. Hoftheater
betrachtet wird, welches uns so viele schöne Talente,
die sich hier entfaltet und ausgebildet, entrissen hat.

Das Publikum, welches zwar hier, wie überall
das Neue und Auffallende liebt, hat doch im Ganzen den
Sinn für das wahre Schöne nicht verloren und das
gediegene Kunstwerk wie der echte Künstler wird sich
immer seine Theilnahme erwerben.

Die gegenwärtige Direktion (die HH. Kainz,
Polawsky und Stiepanek) hat sich um die
böhmischen Bewohner von Prag das Verdienst erworben,
ihnen den lang entbehrten Genuß eines vaterländischen
Schauspiels wieder zu gewähren, da sie alle Sonntage
Nachmittags, manchmal auch an andern Tagen des
Abends böhmische Schauspiele und Opern aufführen läßt.

Die Promenaden innerhalb der Stadtmauern sind
trotz der großen Menge von bedeutenden Gartenanlagen
so wenig zahlreich, daß man (nebst den oben erwähnten
neuen Anlagen auf den Basteien und den beiden im
Weichbild Prags gelegenen Inseln, deren wir bereits
gedachten) sowohl die Brücke als den Graben dazu be=
nützt. Von den Gärten Prags stehen nur zwei dem
öffentlichen Vergnügen offen: der k. k. Schloßgarten,

eine französische Anlage im höheren Geschmacke, die
überdieß von Jahr zu Jahr der scharfen Gärtnerscheere
mehr entwächst, an Schatten und Annehmlichkeit ge-
winnt, und mit ihren Point de Vues, Laubgängen
und Gewächshäusern einen recht anmuthigen Spaziergang bildet, an dessen Hinterseite, das schöne Lusthaus
König Ferdinand's, dessen wir oben gedachten,
(jetzt ein Laboratorium für die Artillerie) gränzt. Der
Garten des Grafen von Waldstein-Wartenberg
auf der Kleinseite, von kleinerm Umfange und durch
hohe Mauern, die das Grüne der Bäume und Gebüsche
nicht genugsam zu verdecken vermag, verdüstert, ist nur
am Sonntage und Donnerstage für die Lustwandler
eröffnet.

Wenn wir die Spaziergänge der Prager in den
Umgebungen der Stadt erwähnen, so ist es natürlich,
mit dem schönsten und besuchtesten derselben, dem
Baumgarten zu beginnen, der, ehemals ein könig-
niglicher Thiergarten, gegenwärtig ein Eigenthum der
böhmischen Stände ist, und von der Natur schon mit
mannigfaltigen Reizen geschmückt, nun durch Nachhilfe
der Kunst zu einem der anziehendsten Vergnügungsorte
gestaltet wurde. Man könnte ihn füglich Prag's Promenade par excellence nennen, da er die verschieden-
sten Interessen vereinigt, und nicht allein der Sammelplatz der vornehmen Kreise und der Fashionables ist,

sondern zugleich auch jene Wandler in seine Schatten
zu locken versteht, die, ohne weitere gesellschaftliche
Rücksichten, den ungetrübten Genuß der Natur suchen.
Auf sanften Bergrücken erhebt sich das ehemalige Jagd-
schloß (jetzt im Sommer von dem Landeschef bewohnt),
von freundlichen Gebüschen und bunten Blumenpar-
terren umgeben. Das Aeußere des Schlosses sowohl
als die Gemächer sind einfach und geschmackvoll decorirt,
die Aussicht, zumal vom Thurme, auf das anmuthige
Thal wahrhaft wunderschön. Mannigfaltige Anlagen
ziehen sich in reizenden Schlingungen in das Thal hinab,
wo ein freundliches Gebäude und ein schattiger Platz,
mit Tischen und Bänken besetzt, den Spaziergängern
zu Ruheplätzen dienen. Hier kann man, vorzüglich an
den Sonntagen des Frühlings, den Umfang des Equi-
pagenluxus ermessen, deren Zahl zwar seit dem Falle
so mancher Fabrikanten und Handelsleute etwas abgenommen, den gleichwohl aber wenige Städte von gleicher Volksmenge übertreffen dürften. Englische Anlagen
umgeben den Platz auf mehreren Seiten und ziehen sich
theils an den Fluß, der hier ebenfalls ein paar Inseln
und Arme bildet, theils wieder auf die benachbarten Hügel-
reihen, welche sehr angenehme Aussichten darbieten.
Diese herrliche Promenade hat in der letztern Zeit durch
die Sorgfalt Sr. Excellenz des Oberstburggrafen von
Chotek wieder viele Verschönerungen und Verbesserun-

gen erhalten. Schon vom Marienthor an ist der Fuß=
weg verbessert, und mit Kastanienbäumen bepflanzt,
alle übrigen Zufahrten neu hergestellt, ein höchst zweck=
mäßiger Uferbau unternommen, und ein Fahrdamm
durchschneidet den Park, welcher selbst bei den heftig=
sten Regengüssen, die sonst alle Wege unbrauchbar mach=
ten, eine Passage offen erhält. Auf jedem anmuthigen
Plätzchen, auf jeder Höhe, die eine erfreuliche Aussicht
darbeut, sind Ruhesitze angebracht, und selbst die ent=
ferntesten Partieen, welche in der Regel nur die zweite
der obenerwähnten Klassen von Spaziergängern aufsucht,
sind sorgsam gehegt, und wo es nöthig war, mit Bäu=
men bepflanzt worden. — Nächst dem Baumgarten
liegt die sogenannte Kaisermühle — ehemals auch
ein Besitzthum der böhmischen Könige, gegenwärtig ein
Vergnügungsort für Prag's Publikum — welche von
ihrer alterthümlichen Pracht nur noch eine Badegrotte
der Monarchen und einige rohe Bildnerarbeiten aufzu=
weisen hat.

Hinter derselben gelangt der Lustwandler in ein
enges Thal, von dessen Eigenthümer, Herrn von
Butscheck, zu einem schattigen Spaziergange benutzt,
den vorzüglich die sentimentalen Schönen sehr lieben
und fleißig besuchen. — In weiterer Entfernung von
der Stadt schlingt sich das Thal der Scharka mit
einigen hübschen Ansichten und Felsgruppen von dem

Dorfe P o d b a b a bis zu dem Dorfe L i b o z nächſt dem S t e r n w a l d e hin, der gleichfalls, ehemals ein königlicher Thiergarten, und in deſſen Nähe die letzten Scenen der verhängnißvollen Schlacht vom 8. November 1620 vorgingen, jetzt zu Prags Promenaden gezählt wird. Am Eingang des Luſtwaldes liegt die Förſterei, mit Tiſchen und Bänken zur Aufnahme der Wanderer umgeben, und Laubgänge führen auf allen Seiten in die Gänge und Schluchten des S t e r n s, welcher von einem ſternförmigen Schloſſe in ſeiner Mitte — ehemals ein Jagdgebäude der Könige von Böhmen, jetzt zum Artillerie=Magazine verwendet — dieſen Namen erhielt. Ein Stein in der Tiefe mit der Inſchrift:

„Hier an dem Stein, von Stahl und Kugel frei,
Saß F r i e d r i c h, Preußens kühnſter Held,
Und maß von hier der Hauptſtadt Fall! —
Nun dient der Platz im grünen Mai
Zur ſanften Ruh, fern vom Geräuſch der Welt,
Und Wonne deckt ihn überall.‟

bleibt intereſſant als eine deutſame Erinnerung an einen großen Mann und eine inhaltſchwere Zeit.

In der Nähe des Augezder Thores verſchaffet der anmuthige Garten des Grafen von W r a t i s l a w Prags Bewohnern einen freundliche Promenade, und wie man aus dem Thore tritt, fällt der Blick des Wandlers auf die glänzende neue Villa des Fürſten v o n

Kinsky, während sich nächst dem Dorfe Kossirz der schöne, im englischen Geschmack angelegte Garten des Grafen von Clam = Gallas (in welchen jedoch der Eintritt nur gegen Einlaßkarten, die im Palast des Besitzers abgeholt werden müssen, gestattet ist) mit mehreren interessanten Parthien ausbreitet. — Auf derselben Straße, ungefähr eine Viertelstunde weiter entfernt, gelangt man zu dem Garten Cibulka, ehemals dem hochseligen Fürst=Bischof von Passau gehörig, welcher denselben selbst bewohnte, ihn mit vielen Parkanlagen, Thürmen, Tempeln, Einsiedeleien u. s. w. ausschmücken ließ, und dem Publikum ohne Beschränkung dessen Genuß gewährte, welche Begünstigung auch seine Erben den Bewohnern Prags gestatten. — Diesen Fluren gegenüber, am rechten Moldauufer, finden die Prager Feinschmecker ein großes Interesse an den Aalen und Krebsen des Dorfes Podol, welches, von dieser Lockung abgesehen, dem Spaziergänger, außer der Ansicht einer friedlichen Wasserlandschaft, nicht viel eigenthümliche Reize darzubieten haben dürfte.

Vor dem Roß = und Kornthore findet man, nebst dem Pstroß'schen Garten mit dem neuerrichteten Badehause, noch zwei Lieblings=Promenaden der Prager: den gräflich Buquoischen, ehemals Canalschen Garten und die Wimmerschen Anlagen. Jener, zwar nicht von großem Umfange, doch schattenreich und kühl, ist im holländischen und englischen Geschmack angelegt, und enthält einige recht artige und mannigfaltige Parthien, besonders aber ge= währt der höhere Theil eine herrliche Ansicht von Prag und dessen Umgebungen.

Die sogenannten Wimmer'schen Anlagen, von ihrem Gründer, dem Obristen von Wimmer, so genannt, der einen der wüstesten Plätze der Umge= bungen Prags in reiche Saatfelder, vielfach sich kreu= zende Alleen und einen üppigen Obstgarten verwan= delte, dienen vorzüglich zu Promenaden im Frühling und Herbst, auch wohl im Winter, da ihre Lage sie der Sonne zu sehr aussetzt, um im Sommer hinläng= liche Kühlung von den Alleen zu erhalten. — Auch die erst vor wenigen Jahren begründeten Kren'schen Anlagen vor dem Neuthore werden von Jahr zu Jahr häufiger, besonders von den Kindern Israels, besucht.

Volksfeste.

Wie in den meisten katholischen Ländern bieten auch in Böhmen und Prag die Gedächtnißtage der Heiligen und andere religiöse Feste Gelegenheit zu zahlreichen Volksversammlungen dar, bei welchen sich der andächtigen Feier geselliges Vergnügen anschließt.

Schon der neunzehnte März jeden Jahres führt mit
dem Beginnen des Frühlings ein dergleichen frommes
Volksfest, des heiligen Nährvaters Joseph herbei,
vor dessen Kirche ein Jahrmarkt von Heiligen=
bildern und Naschwaaren gehalten wird, während das
kleine Gotteshaus die Menge der Andächtigen nicht zu
faffen vermag, die sich auf dem Platze herumdrängen.

Das Kloster St. Hieronymus auf der Neu=
stadt wird zum Gedächtniß des Ortes, wo Jesus
den beiden Jüngern erschien, Emaus genannt, und
das Fest dieser Erscheinung wird daselbst am Oster=
montag begangen, wo bei der kirchlichen Feier allerhand
weltliche Unterhaltungen nachfolgen, Jahrmarktsbuden
sich auf dem Platze erheben, und die Waller sich Nach=
mittags auf die nahgelegenen Spaziergänge zerstreuen.
Ohne unmittelbare Verbindung mit frommer Feier=
lichkeit, geben auch die beiden folgenden Tage zu all=
gemeinen festlichen Versammlungen der höheren Stände
und der Volksklassen Gelegenheit. Der Baumgar=
ten ist am Dienstage nach Ostern der Schauplatz
einer sehr belebten Scene: während der Adel und die
Wohlhabenden in einer langen Wagenreihe durch die
Alleen dahinrollen, die vom Thore an zum Baum=
garten führen, gehen Tausende von Fußgängern be=
scheidentlich denselben Weg und am gemeinschaftlichen
Ziele vereinigt sich Alles in bunter Reihe. Die schöne

Welt verſammelt ſich in den Alleen nächſt dem Ge=
bäude und giebt einen Zuſchauer der lauten Freude ab,
der ſich ein Theil der Volksmenge in den nahgelegenen
Parthien ergiebt, während der größere die Kaiſermühle
und die übrigen Wirthshäuſer der Gegend aufſucht,
und mit Tanz und reichlichem Genuſſe des böhmiſchen
Gerſtenſaftes bis an den Abend beluſtiget. Ein ähn=
liches Feſt lauter Volksfröhlichkeit hat an der darauf
folgenden Mittwoche in Nuſſel ſtatt, wo die löbliche
Schuhmacherzunft die Hauptrolle ſpielt, deren Mit=
glieder um eine Trophäe, mit ihren Inſignien geziert,
tanzen, und Perſonen aus den höhern Ständen aber=
mals die Zuſchauer der vergnügten Volksmaſſe abgeben.

Von bedeutendem Umfange iſt die Wallfahrt zu
dem böhmiſchen Landespatron und Glaubenshelden des
Beichtſiegels, Johann von Nepomuk, deſſen
Ueberreſte, in der Domkirche verwahrt, unter die erſten
Koſtbarkeiten des Reiches gerechnet werden. Inno=
cenz XIII. ſprach ihn am 31. Mai 1721 ſelig, und
Benedikt XIII. ließ 1729 die Canoniſationsbulle aus=
gehen. Seit dieſer Zeit iſt ſowohl das ſilberne Grab=
mal, worin St. Johanns Gebeine in einem kryſtal=
lenen Sarge ruhen, als die metallene Statue des Hei=
ligen auf der Prager Brücke der Gegenſtand einer
regelmäßigen Wallfahrt. In den letzten Tagen vor
dem 16. Mai, als Gedächtnißtag ſeines Todes in den

Fluthen der Moldau, wird ein kapellenartiger Ueberbau oberhalb der letztern errichtet, mit Laub und Blumen geschmückt, und schon am Abend des 15. Mai mit vielen Lampen und Lichtern festlich erleuchtet. Alles strömt hieher, seine Andacht zu verrichten, und der Andrang pflegt so groß zu seyn, daß an den beiden ersten Abenden während der Betstunden kein Wagen die Brücke passiren darf. Selbst Fußgänger bedürfen gesunder Rippen und starker Ellenbogen, um glücklich durch die Menschenwogen zu segeln. Zugleich werden die meisten Abbildungen des gefeierten Landespatrons sowohl in den Häusern, als auf den Straßen und Plätzen mit Blumensträußen und grünen Zweigen ge= schmückt und reich beleuchtet, und kleine Bühnen auf= geschlagen, auf welchen man Scenen aus seinem Leben bildlich darstellt. Die Waller zerstreuen sich dann von dem Hauptpunkt der Andacht in das Straßenlabyrinth von Prag, um alle, oder die meisten Johannes=Statuen und Bilder heimzusuchen. Aus allen Kreisen Böh= mens, und selbst aus den benachbarten katholischen Ländern kommen fromme Pilger in langen Zügen und unter lautem Gesange in die Stadt. Ein Vorbeter recitirt das Lied, welches die Waller gesangweise wieder= holen. Gewöhnlich ziehen viele Landleute aus den entfernteren Gegenden schon am Festtage nach voll= brachter Andacht am Grabe des Heiligen wieder von bannen, und nur die Wohlhabenderen bleiben noch mehrere oder alle Tage der Dauer des Festes in Prag. (Vorzüglich glänzend war die Feier dieses Festes im vorigen Jahre, wo die hundertjährige Jubelfeier seiner Heiligsprechung begangen wurde.) Der 16. Mai, obschon einer der feierlichsten Erinnerungstage für Böhmen, hemmt übrigens keinesweges den Handel und Wandel, die Gewölbe sind nicht allein eröffnet, worin die Kaufleute ihre schönsten Waaren, mitunter auch die Ladenhüter, auslegen, sondern schon am vorhergehenden Tage gewinnen die sämmtlichen Burghöfe, gewöhnlich auch der wälsche Platz und zum Theil auch die Brückengasse auf der Kleinseite, das Ansehen einer belebten Messe. Große und kleine, bedeckte und unbedeckte Markt = Buden, niedrige Kramstellen werden errichtet, und mitunter dienen sogar Körbe zu Auslagen der bescheidensten Waarenlager. Hier findet man Tausende von Abbildungen des Heiligen (die illuminirten Kupferstiche und lithographischen Bilder abgerechnet) in allen Größen und aus allen Stoffen, von der reich vergoldeten Bronce bis zum einfachen mit grellen Farben bemalten Thon herab. Ferner Krucifixe, Rosenkränze, Bilder anderer Heiligen und der Madonna, gläserne Särge mit wächsernen Abbildungen Johannes von Nepomuk, einzelne Lieder, Gebete und Gebetbücher, Chroniken, falsche Blumen, und Spielwaaren für die liebe Jugend. Dazwischen haben Uhrmacher, Zinngießer und Blecharbeiter ihre Arbeiten, Glashänd= ler ihre Waaren ausgestellt, und in andern Buden und Auslagen werden wohlriechende Wässer, Zwirn und Strümpfe, Kämme von allen beliebten Größen und Gattungen u. s. w. ausgeboten. Auch für den Leib ist gesorgt; denn an der Ecke sitzt ein italiänischer Käsehändler, und überall finden sich Krämer mit Pfeffer= kuchen und allerhand Zuckerwerk und andern Näsche= reien ein. Der Platz vor der königlichen Burg, zu= nächst der Schloßstiege, verwandelt sich zugleich in eine große Table d'Hote für die andächtigen Pilger der niedern Stände. Zahllose kleinere und größere gedeckte Tische verbreiten sich auf der Stelle, welche die impo= santeste Ansicht der Stadt darbietet (was freilich nur wenige der guten Landleute nach gestilltem Hunger bemerken, und, auf die hohe steinerne Brüstung gelehnt, das Häusermeer beschauen). Auf ambulanten Koch= herden dampfen die Speisetöpfe. Suppenschalen von grobem irdenem Geschirr, theils auch von Steingut, werden gefüllt, und bald wieder geleert, allerhand Ku= chen, Semmeln und Schwarzbrod liegt in Haufen auf= gethürmt, der grüne Salat blinkt auf kleinen Schüssel= chen, und auch Luxus findet sich. — Ein Weib ruft ihren guten Kaffee aus, die Tasse um zwei Kreuzer Papiergeld, und als Tafelmusik singt hier ein Bursche

mit heiserer Stimme die Lieder, ein alter Mann decla=
mirt die Gebete, die er verkauft, und ein Haufen ge=
sättigter Andächtiger umsteht jeden derselben. Um
9 Uhr Abends verkündigen gewöhnlich Pöllersalven ein
Feuerwerk auf der Schützeninsel, welches das Fest des
ersten Tages beschließt, und am letzten Abend der neun=
tägigen Andacht wiederholt wird.

Frohnleichnam, ein allgemeines Kirchenfest,
wird in Prag zweimal gefeiert, das Erstemal an dem
eigentlichen Festtage, welcher auf den zweiten Donner=
stag nach Pfingsten fällt, auf dem Hradschin, von der
Domkirche aus; aber am nächsten Sonntage halten
die übrigen drei Stadtviertel jedes seinen besondern
Umgang. Die Häuser in manchen Straßen, durch
welche der Zug geht, werden mit Blumen und Laub
geschmückt, Festons von Blättern und Frühlingsblüthen
schlingen sich von Fenster zu Fenster, und Altäre, Pforten
und Bogen von Laub und Blumen erheben sich vor den
Gebäuden. In den verschiedenen Städten sind die
Bürgergarden und Zünfte mit ihren Musik=Banden
eingetheilt, welche sich bei dem Hauptumgange sämmt=
lich auf dem Hradschiner Platz vereinigen.

Der dreizehnte Juli führt das Gedächtnißfest der
heiligen Margaretha mit sich, dessen kirch=
liche Feier in der Kirche des Benediktinerstiftes Břew=
niow vor dem Strahöver Thore statt findet, und eine

ungeheure Menschenmenge zu Fuße und zu Wagen
herbeilockt. Nach abgehaltenem Gottesdienst strömt der
größte Theil in den Sternwald, und da hier unmöglich
alle Gäste gespeiset werden können, bringen die meisten
ihre Viktualien, ja selbst Getränke mit, tafeln auf der
grünen Au, und tanzen in verschiedenen Gruppen und
Abtheilungen beim Schall des Hackbrets, der Harfe,
auch wohl des Dudelsacks und anderer Instrumente
bis an den späten Abend, wo derselbe bunte Zug, der
zur Andacht ausging, sich seelenvergnügt zurück in die
Stadt bewegt.

Ein eben so wichtiges Fest als des heiligen
Johann von Nepomuk ist am acht und zwanzigsten
September jenes des böhmischen Herzogs und Landes=
patrons Wenzel, dessen steinerne Bildsäule in der
Mitte des Roßmarktes sich erhebt. Auch diese Statue
wird kapellenartig umbaut und verziert, fromme Gesänge
erschallen Abends vor derselben und Tausende von An=
dächtigen versammeln sich auf dem weiten Roßmarkt,
dessen Häuser zu beiden Seiten festlich erleuchtet sind.
Auch diese Andacht währt neun Tage und ist das letzte
fromme Volksfest im Jahre.

Wissenschaft und Kunst, gelehrte und artistische Vereine und ihre Sammlungen.

Es ist unläugbar, daß Prag eine verhältnißmäßig große Anzahl von Gelehrten und wissenschaftlich gebildeten Männern besitzt, wenn man gleich in dem Weichbilde der Stadt vielleicht weniger Schriftsteller, als in mancher bedeutend kleinern der deutsch=nördlichen Nachbarstaaten findet, da der Böhme dem Drange, sich öffentlich auszusprechen, leicht widersteht, und auch in diesem Falle eine Art von Verschlossenheit äußert, die wohl oft zu weit getrieben werden dürfte; aber eine durchaus unerfreuliche Erscheinung bleibt es, daß viele in den Jugendjahren schreiben, und in der Zeit der Reife, wenn sie die Fehler jener verbessern könnten, sich aller öffentlichen Productionen enthalten. Wir wollen hier nicht ein Verzeichniß der wackern Schriftsteller Prags (jene gelehrten Männer, welche nichts für die Publicität arbeiten, gehören ohnedieß nicht hieher) liefern, und begnügen uns, die erfreuliche Bemerkung mitzutheilen, daß die letztern Jahre eine bedeutende Erhöhung literärischer Regsamkeit darthun, und nicht allein mehrere Zeitschriften, sondern auch sowohl wissenschaftliche als dichterische Erzeugnisse die Klage über

Unthätigkeit der böhmischen Schriftsteller immer mehr
Lügen strafen.

Nicht minder allgemein bekannt ist es, daß die
Böhmen, wie die slawischen Stämme überhaupt, reich
mit Anlagen für die Tonkunst begabt sind, und dieses
Land wurde schon längst die Wiege der Instrumental-
Musik genannt (die schönen Stimmen sind seltner als
die Talente für Blas= und Streich=Instrumente): wie
sollte es in der Hauptstadt an wackern Tonkünstlern
fehlen, und wir besitzen, diejenigen abgerechnet, welche
ihr ganzes Streben der Kunst geweiht haben, selbst
unter unsern Dilettanten manche, die in minder musi=
kalischen Städten für wackere Künstler gelten dürften.
Vor ungefähr einem halben Jahrhunderte freute sich
Böhmen der schönsten Blüthe der Tonkunst, die nicht
nur in den Palästen der Großen, sondern in allen Klö=
stern und fast in jedem Hause gepflegt wurde, und in
der herrlichen italiänischen Oper der Hauptstadt gleich=
sam einen Leitstern des Geschmacks fand; wenn aber
auch diese goldene Zeit der böhmischen Tonkunst dem
Wechsel alles Irdischen nicht zu trotzen vermochte, ist
doch Prag noch reich an wackern Tonkünstlern, deren
Namen gewiß keinem musikalischen Ohr der Heimath
und selbst des Auslandes fremd klingen.

Minder wichtig dürfte dasjenige erscheinen, was
die bildende Kunst darbietet und in keinem Fache steht

wohl die Gegenwart, mit der Vorzeit verglichen, so
sehr im Schatten als in dieser Kunstgattung. Daß
die Böhmen schon vor dem 14ten Jahrhundert nicht
ohne Malerkunst waren, beweis't unter andern der Sa=
zawer Abt Bozetech, als Maler und Bildhauer
vom Jahre 1080, dann Miroslaw vom Jahre 1102
in Mater Verborum, und Weleslaw in der Bilder=
bibel aus der ersten Hälfte des 13ten Jahrhunderts.
Mit den Luxemburgischen Beherrschern, deren roman=
tisch = ritterlicher Geist alle das Leben schmückende Blü=
then des Schönen mit Lebhaftigkeit ergriff und fest
hielt, kamen Wappenmaler und andre Künstler, die
Fürsten geleitend, nach Böhmen. Die Maler machten
schon 1348 mit den Bildhauern, Goldschlägern und
Glasern (die beiden Letztern wegen der häufigen Ver=
goldungen, zumal bei der Glasmalerei) eine Zunft aus,
hatten den heiligen Evangelisten Lukas zum Schutz=
patron erwählt und ihre Satzungen und Protokolle sind
in der Folgezeit gedruckt worden. Aus dieser Maler=
schule, worin sich vorzüglich Thomas von Mu=
tina, Kunz, Nikolaus Wurmser und
Theodorich — auch Dietrich genannt — aus=
zeichneten, kommen die großen Wand = und Tafelge=
mälde auf Karlstein und in den Prager Kirchen,
Palästen und Sammlungen her, welche zu den ältesten
und bedeutendsten Werken dieser Gattung gehören; sie

sind meist auf Goldgrund gemalt, die Gewänder hart, die Gliedmaßen oft unvollkommen, und der Ausdruck mehr auf das Allgemeine der dargestellten Individualität berechnet, als ins Einzelne übergehend, wie dieß schon bei ihrem kunstvollen Schutzpatron der Fall war. Das Colorit ist (zumal bei den Wandbildern) grell oder rußig, woran aber noch mehr als das Nachdunkeln, Uebermalungen späterer Zeit Schuld seyn mögen.

Nach dem Verfall dieser ersten Kunstschule erhob sich die böhmische Malerei noch einmal unter Rudolph II. und selbst nach seinem Tode verbreiteten Skreta, Brandel, Rainer und andere böhmische Maler den Kunstruhm des Vaterlandes; aber in den Kriegsstürmen des siebzehnten Jahrhunderts verlor sich das Streben immer mehr, die braven Maler wurden immer seltener, bis endlich durch Errichtung der Zeichen- und Maler-Akademie (auf welche wir zurückkommen werden), der Grund zu einer neuen böhmischen Kunstschule gelegt wurde.

Einen auffallenden Beweis für die Kunstliebe und wissenschaftliche Tendenz der Großen Böhmens gibt sowohl die Zahl als die Bedeutenheit der gelehrten und artistischen Vereine der Hauptstadt, von welchen wir zuerst die Gesellschaft des böhmischen National-Museums nennen, ein Werk zweier kunstliebenden Großen, des Grafen v. Sternberg und des k. k. Staats- und Conferenzministers, damaligen

Oberstburggrafen Franz Grafen von Kolowrat-
Liebsteinsky, welcher Letztere im Jahre 1818
einen Aufruf an die Freunde der Wissenschaften erließ,
worin er zuerst an die goldne Zeit der Kunst und Ge-
lehrsamkeit in Böhmen, und an alles Dasjenige erinnerte, was selbst in neuerer Zeit geleistet, welche Anstalten gegründet worden, und sodann fortfuhr: „Noch
besteht keine vollständige, allgemeine böhmische Literatur-
geschichte, keine vollständigen böhmischen Denkmäler
(Monumenta bohemica), die doch zur Erläuterung der
Vaterlandsgeschichte so wichtig wären; keine vollständige
Naturgeschichte Böhmens, weder im Ganzen noch über
einzelne Zweige des Naturreiches; kein geognostischer
Gesammtüberblick dieses für die Geognosie äußerst wichtigen Landes. Viele Materialien hierzu finden sich in
Böhmen verbreitet; aber zerstreut, wie sie dermalen
sind, bleibt ihre Benutzung äußerst schwer, beinahe unmöglich, und nur die Errichtung eines vaterländischen
Museums kann diese einzelnen Materialien vereinen,
und den Weg bahnen, jene Lücken auszufüllen."

Dieses Museum, bestimmt, alle in das Gebiet
der National - Literatur und National - Produktion
gehörigen Gegenstände in sich zu begreifen, und eine
Uebersicht Alles dessen zu liefern, was die Natur und
der menschliche Fleiß im Vaterlande hervorgebracht
haben, besteht aus folgenden Abtheilungen:

1. Eine vaterländische Urkunden = Sammlung;

2. Abschriften oder Zeichnungen der Denkmäler, Inschriften, Grabsteine, Statuen, Basreliefs u. s. w.

3. Wappen, Siegel und Münzen, im Original oder in Abdrücken;

4. Landkarten und Plane, sowohl in geographisch= statistischer Hinsicht, als in Bezug auf den älte= ren Bergbau;

5. Eine Bibliothek, welche sich auf Bohemica im strengsten Sinne, und auf die sogenannten Scien= ces exactes als Hülfswerke beschränkt;

6. Ein Produktensaal, in welchem alle vaterländi= schen Manufakturerzeugnisse, Kunstwerke und Erfindungen, oder deren Modelle aufgestellt werden.

Der Aufruf des verehrten Landesgouverneurs fand allgemeine Beherzigung im Königreiche, und die Ge= nehmigung des Monarchen krönte das Unternehmen. Seine Majestät der Kaiser beschenkte das jugendliche Institut mit einem Exemplare des numismatischen Werkes: Monete cufiche dell' J. R. Museo di Milano (altarabische Münzen); Seine königliche Hoheit der Erzherzog Karl mit seinen Grundsätzen der Strate= gie und der Geschichte des Feldzuges 1799. Alle Klassen der Bewohner Böhmens wetteiferten, das Ihrige zu diesem schönen Zwecke beizutragen, und wäh=

rend der Adel und reiche Privatpersonen nach dem
Beispiel des Oberstburggrafen, welcher, als Schöpfer
der Anstalt, seine eigene Mineraliensammlung dem
Museum verehrte, entweder gleichfalls die Sammlun=
gen vermehrten, oder sich theils zu jährlichen Beiträ=
gen, theils zu Kapitalssummen zur Grundlegung an=
boten, Schriftsteller ihre Werke, Buchhändler ihre
Verlagsartikel darbrachten, und die Professoren der
Prager Universität ihre thätige Mitwirkung zusicherten,
liefen von allen Seiten Materialien ein: Mineralien,
Erze, Petrificate, ausgestopfte Vögel, vierfüßige Thiere,
Amphibien und Schaalthiere, Pflanzen, Bilder, Zeich=
nungen und Abschriften von Denkmälern und In=
schriften, Büchersammlungen und Manuscripte, Ur=
kunden und Diplome, Münzen, Siegelabdrücke, Glas=
malereien, antike Kunstwerke und neue böhmische Guß=
waaren gelangten hierher.

Sogleich als Se. Majestät der Kaiser die Grün=
dung des Institutes genehmigt hatte, war man unter
der Leitung des Oberstburggrafen bemüht, die vereinig=
ten Freunde der Kunst und Wissenschaft durch Grund=
gesetze zu einer Gesellschaft des vaterländischen Mu=
seums einzusetzen. Die Mitglieder wurden in stiftende
und wirkende, die Letzteren in verwaltende und corre=
spondirende eingetheilt. Keine Bedingungen als die
eines guten Rufes und die Leistung eines schicklichen

Beitrages zur Gründung und Vergrößerung des Museums, groß oder gering, bedingen die Aufnahme zum stiftenden Mitglied. Die Aufnahme zum wirkenden verlangt das böhmische Bürgerrecht und ein geleisteter Beitrag von wenigstens 200 Gulden C. M. oder 20 Gulden C. M. jährlich. Ein verwaltendes Mitglied muß in Prag ansäßig seyn.

Die wirkenden Mitglieder wählen aus den verwaltenden in einer Generalversammlung, die jährlich im Monate März gehalten wird, durch mündliche oder schriftliche persönliche Abstimmung den Verwaltungsausschuß der Gesellschaft, der aus einem Präsidenten, dem Geschäftsleiter, dem Kassier und sechs Ausschußmitgliedern besteht; den Geschäftsleiter und Kassier wählen die Mitglieder des Ausschusses aus ihrer Mitte. Das Amt des Präsidenten und des Kassiers dauert sechs Jahre; von den übrigen Ausschußmitgliedern treten alle zwei Jahre zwei, nach Bestimmung des Looses, aus, und werden durch Wahl der Generalversammlung ersetzt. Alle Mitglieder des Ausschusses können wieder erwählt werden; sie müssen aber sämmtlich die böhmische Sprache verstehen.

Der Verwaltungsausschuß hält ordentliche Sitzungen, die von dem Präsidenten angesagt werden. Stimmenmehrheit entscheidet über die Beschlüsse. Es werden Protokolle über die Berathungen geführt, von den

Mitgliedern unterzeichnet und das Siegel der Gesell=
schaft darunter gedrückt. Die Einrichtung des Locals, die
Aufstellung, Erhaltung und Vermehrung der Samm=
lungen, die Verwaltung und Anwendung des Vermö=
gens der Gesellschaft, die Anstellung und Besoldung
des nöthigen Personals, die Verfassung der Instructio=
nen für dasselbe, die Ordnung im Hause, die Ordnung
der Benutzung der Sammlungen, sind den Beschlüssen
dieses Ausschusses unterworfen. Er ordnet für ein=
zelne wissenschaftliche Fächer Committeen aus den übri=
gen wirkenden Mitgliedern nach Befinden an, denen
es doch eben sowohl frei steht, eine solche Wahl, wie
die zum Ausschußmitgliede selbst, abzulehnen.

In der jährlichen Generalversammlung legt er
einen summarischen Bericht ab, vom Zustande der
Kasse, von den Arbeiten und dem Gedeihen des Insti=
tutes. Die Rechnungen werden von einer durch die
Versammlung zu wählenden Committee geprüft, und
dann im Archiv aufbewahrt.

Dieselbe Versammlung hat auch das Recht, auf
Vorschlag des Ausschusses oder einzelner wirkender Mit=
glieder, Ehrenmitglieder durch Wahl zu ernennen, die
dann den wirkenden zugezählt werden.

Nachdem dieß schöne Werk so weit gediehen, war
die Hauptsorge jene für ein würdiges und hinreichen=
des Local, und nach längerer Wahl und Prüfung ent=

schied sich der Verein für das Erdgeschoß des gräflich
Sternbergischen Hauses, welches von allen Rei=
senden schon der Bildergallerie wegen besucht wird, zur
Aufbewahrung der Schätze des böhmischen National=
Museums.

Den Flügel gegen Osten, sogleich rechts neben
der Pforte nimmt die ethnographische Sammlung ein;
den Flügel gegen Norden die zoologische und die oryk=
tognostische; den westlichen Flügel die Bibliothek; der
südliche bietet der topographisch = geognostischen Samm=
lung den Raum. Diese, die erste, welche den Ein=
tretenden aufnimmt, ist in wissenschaftlicher Hinsicht
doppelt interessant, nicht allein wegen der Vollständig=
keit der geognostischen Bildung in Böhmen, sondern
außerdem durch ihre, vom Local begünstigte Aufstellung.
Zwei Bogenpfeiler in der Mitte des Zimmers haben
gestattet, bei der topographischen Anordnung der Exem=
plare, die Gestalt des Landes nachzuahmen, dessen geog=
nostische Beschaffenheit der Beschauer kennen lernen soll.
Die große Müllerische Karte von Böh=
men, welche im Saale aufgehängt ist, zeigt diese und
dient dazu, sich über die Aufstellung zu orientiren.
Die Gebilde der drei Mittelkreise, des Kaurzimer,
Rakonitzer und Berauner, umgeben die Pfei=
ler; die dreizehn übrigen Kreise sind rings umher an
den Wänden aufgestellt.

Die Formationen der Hauptgebirgszüge, **nach**
ben geognoſtiſchen Karten von Riepl und Kefer=
ſtein, zeigen Schauſtücke, ſtufenweiſe erhöht über
einander, unter Glasaufſätzen auf Kaſten, welche **in**
Schiebfächern Probeexemplare vom Innern der Gebirge
enthalten.

Die Petrefacten = Sammlung in zwei
Seitenkabineten verbindet die geognoſtiſche mit
der zoologiſchen und botaniſchen, und iſt aus
dieſem Geſichtspunkte geordnet; die zoologiſchen Petre=
facten des Uebergangskalks der Sekundärformation nach
Familien und Gattungen, die Pflanzenabdrücke der äl=
teren Steinkohle und der ſie begleitenden Formations=
glieder, Abdrücke des Quaderſandſteins, des bunten
Sandſteins, der Mergel= und Braunkohle und der
jüngſten Formationen über der Kreide und dem Plä=
ner, auch nach Familien und Gattungen.

In dieſer merkwürdigen Sammlung finden ſich
die Originalien der Abdrücke, welche in Graf Kaſpar
Sternbergs „Verſuch einer geognoſtiſch=
botaniſchen Darſtellung der Flora der
Vorwelt,‟ abgebildet ſind; unter andern der merk=
würdige Stamm eines baumartigen Farrenkrauts (die
vierte Tafel im zweiten Hefte dieſes Werkes), deſſen
Krone unſere jugendliche Erde beſchattete, und die nach
Jahrtauſenden, in Stein verwandelt, aus ihrem Schooße

wieder ans Licht tritt, dem heutigen Geschlechte ein Zeugniß des früheren Zustandes zu seyn.

Eine einzige lange Halle umfaßt die zoologische und oryktognostische Sammlung. Der obere Theil derselben ist der Zoologie überhaupt, der untere der Zoologie Böhmens ausschließlich gewidmet. Bei der ersten Abtheilung wird vorzüglich eine Sammlung von Skeletten bezweckt, bei der letztern ist die größte Vollständigkeit Augenmerk.

Das Naturalienkabinet des Grafen von Hartig hat zu dieser Sammlung wichtige Beiträge gesteuert. Böhmen liegt übrigens zu sehr außer dem Wege des Länderverkehrs, der zoologische Schätze herbeigeführt, als daß die erste Abtheilung durch ihre Zahl wichtig seyn könnte. Allein der wissenschaftliche Eifer und die wissenschaftlichen Verbindungen des Grafen von Sternberg, das allgemeine patriotische Interesse für die Sammlungen des Instituts, lassen hoffen, daß auch diese Abtheilung Bereicherung erhalten werde.

Die oryktognostische Sammlung, an den Fensterpfeilern der Halle aufgestellt, besteht aus 2000 größtentheils schönen und charakteristischen Exemplaren der vaterländischen und über 7000 Exemplaren der systematisch-allgemeinen Abtheilung, und besitzt gegen 2500 Stücke größeren Formats und ausgezeichnete Schaustücke.

Zwischen der zoologischen und geognostisch = topo=
graphischen Sammlung ist die Bibliothek, in einem
hohen, ovalen Saal mit zwei Vorhallen und zwei run=
den Erkern in Repositorien von polirtem Eichenholz
aufgestellt. Auf ein Drittel der Höhe umgibt den
Saal eine Gallerie von gleichem Holze, mit einem
eisernen Gegitter, zu der aus dem Saale Treppen
führen. Die Werke in größtem und größerem For=
mat erfüllen die Repositorien unterhalb der Gallerie,
die Octav=Bände sind in denen oberhalb derselben auf=
gestellt.

In diesem Augenblick beträgt die Zahl der ge=
druckten Bücher über **12000** und der Handschriften
gegen **600** Bände.

Die Literatur findet hier die folgenden merkwür=
digen und ältesten Werke; die Trojanische Chro=
nik, nach Quido von Columna, ohne Druck=
ort, um das Jahr 1468, eines der ersten gedruckten
böhmischen Bücher. Die zweite Auflage desselben
Werkes, Prag, 1488, beide 4. Die erste böhmische
Bibel, Prag, 1488, die zweite, Kuttenberg,
1489, und die dritte, Venedig, 1506, Folio. Die erste
böhmische Landesordnung, die Wladislaw=
sche genannt, Prag, 1500, 4. Das erste böhmische
Herbarium, von Nikolaus Klaudian, mit
Holzschnitten, Nürnberg, 1517. Von den ältesten

botanischen Büchern besitzt die Bibliothek des Museums: Cantapritanus, übersetzt durch Konrad von Megeburg. Das Buch der Natur, Augsburg, 1475, mit Holzschnitten, 4. Cubac herbaricus. Teutsch. Mainz, 1485, in 4. Herbaricus Pataviae, 1485, 4. Garcia d'Orto, coloquios dos simples. Goa, 1563, 4.

An neuen sehr seltenen Büchern: Hypolite Ruiz et Jos. Pavon. Flora Peruviana et Chilensis, Madrid, 1793, fol. min. Ein Prachtexemplar von den zwölf illuminirten. Jaquin, Flora Austriaca, Viennae, 1773. Fol. maj.; auch eines von den zwölf illuminirten Prachtexemplaren. Plants of Coromandel by William Roxburg, London, 1795. Fol. max. Oiseaux dorées par J. B. Audebert A. L P. Viellot, Paris, 1802. Fol. maj. Prachtauflage. Description de l' Egypte, seconde edition, und sämmtliche Werke von Humboldt und Bonpland.

Zur Seite des Bibliotheksaales befindet sich das Zimmer der Handschriften und Urkunden; vorzüglich merkwürdig ist unter erstern die sogenannte Königinhofer Handschrift; der Bibliothekar Hanka fand diesen wichtigen Beleg zur Geschichte altböhmischer Poesie, von welcher die Alles verwüstenden Religionsstürme des fünfzehnten Jahrhunderts fast keine Spuren übrig ließen, im Kirchthurm der Stadt Königinhof unter alten Pfeilen aus den Zeiten des Hussitenkrieges,

deren einige mit Pergament beschwingt waren, und er=
kannte nach mühsamer Untersuchung in dem Heft von
12 Blättern Pergament und zwei Abschnitzeln, einen
kleinen Theil (das Ende des fünf und zwanzigsten Ka=
pitels, das sechs und zwanzigste und sieben und zwan=
zigste ganz, und ein Bruchstück des acht und zwanzig=
sten des dritten Buches) einer bedeutenden Sammlung
von erzählenden und lyrischen Gedichten von großem
poetischem Werthe, welche aus dem Ende des dreizehn=
ten und Anfange des vierzehnten Jahrhunderts herzu=
kommen scheinen; doch mögen leicht einige derselben noch
älter seyn. (Der glückliche Finder hat diese merkwürdi=
gen Reste alterthümlicher Dichtkunst in altböhmischer
Sprache, wie er solche fand, nebst einer Uebersetzung ins
Neuböhmische und einer deutschen von Herrn Professor
S w o b o d a herausgegeben, und vor Kurzem ist schon
die zweite Ausgabe davon erschienen.) Das erste dieser
Gedichte erzählt den Sieg über die Polen unter U d a l=
r i ch; 2. den Einfall der Sachsen in Böhmen, und
wie B e n e š die Landleute versammelt, und die Feinde
verjagt; 3. den Kampf gegen die Tartaren bei O l l=
m ü tz; 4. den Krieg N e k l a n s mit dem Herzog von
S a a z; 5. Beschreibung eines Turniers, dessen Preis
des Herzogs Tochter ist (wahrscheinlich das älteste);
6. Kampf der heidnischen Böhmen gegen einen deutschen
Fürsten, der sie zum Christenthume bekehren will. Der

Reſt iſt mehr lyriſch als epiſch, doch nicht minder an=
ziehend. Ferner eine Mater Verborum oder das Wörter=
buch des berühmten St. Galler Abt=Biſchofs S a l o =
m o n, mit böhmiſchen und deutſchen Gloſſen vom
Jahre 1102. Fol. max.; dann eine ſehr ſchön auf Per=
gament geſchriebene, mit zahlloſen Malereien verzierte
lateiniſche Bibel aus dem fünfzehnten Jahrhunderte in
groß Folio; der große T a l m b e r g i ſ c h e Coder, das
Mariale und Orationale des erſten Erzbiſchofs von
Prag, mit prachtvollen Miniaturen des 3 b i s c o d e
T r o t i n a in zwei Bänden auf Pergament; Auszüge
aus der ältern böhmiſchen Landtafel u. ſ. w.

In dem nördlich gelegenen Erker befindet ſich das
Münzkabinet, welches bereits etwas über 6000 Mün=
zen und in dem ſüdlichen das Archiv mit 600 Urkunden.

Zwei Flügelthüren führen unmittelbar aus dem
Bibliothekſaale in den Garten des Muſeums, der an
den Hirſchgraben gränzt. Von der Gallerie ſteigt man
in die Zimmer oberhalb; weſtlich in die den botaniſchen
Sammlungen beſtimmten; dieſe letzteren zerfallen in
drei Abtheilungen; einer allgemeinen liegt die S t e r n =
b e r g ' ſ c h e Sammlung von ungefähr 11000 Arten
zum Grunde; die ihr fehlenden Pflanzen wurden aus
den Herbarien des Cuſtos P o h l und des Herrn
M e r k e n ſ t e i n ergänzt. Wichtig, beſonders für die
Kenntniß der Gewächſe Ungarns, iſt ferner das, eben=

falls dem Museum geschenkte Herbarium des Grafen
Waldstein. Die zweite Abtheilung bilden die böh=
mischen Herbarien des Grafen Berchtold, des Buch=
haltungsbeamten Seidel und des Herrn Joseph
Konrad. Die dritte enthält die Pflanzen, welche
Hänke auf seiner Entdeckungsreise mit Malas=
pina sammelte, und die Gesellschaft des Museums
käuflich an sich gebracht hat.

Die Sammlung historischer Alterthümer ist bis=
her noch nicht so reich bedacht, und eines der interessan=
testen Gegenstände, welche sie umfaßt, ist ein aus
Königgrätz eingesendetes, uraltes, sonderbares Gußwerk
von Bronce, welches in der Erde gefunden worden.
Die Gestalt des Gefäßes, welches man für eine Opfer=
schale vom slawischen Götterdienste hält, zeigt von gro=
ßem Alterthume, und man glaubt, daß die Slawen
dasselbe vielleicht schon aus ihrer östlichen Heimath mit
herübergebracht haben. Der Siegelabdrücke sind einige
hundert, zum Theil von erloschenen Familien, einge=
gangenen Klöstern und Städten. Noch überwiegt bei
dem Institut das Naturhistorische; einzig durch den
Umstand, daß Naturgeschichte, Wissenschaft und Gegen=
stand der Sammlungen des Grafen Kaspar Stern=
berg ist.

Die königliche Gesellschaft der Wissen=
schaften, vom Kaiser Joseph II. im Jahre 1784

bestätigt, zu deren Präsidenten der k. k. Staats= und
Conferenz=Minister Graf von Kolowrat vor eini=
gen Jahren erwählt wurde, hält ihre Versammlungen
in einem der Säle des Universitätsgebäudes. Die ge=
sammelten Abhandlungen derselben belaufen sich bereits
über 20 Bände und enthalten Aufsätze von den ausge=
zeichnetsten Gelehrten des Reiches von den Zeiten ihrer
Gründung bis auf die gegenwärtige.

Die k. k. ökonomische Gesellschaft,
welche mit besonderer Sorgfalt über die Erhöhung der
Ackerkultur und Verbesserung aller landwirthschaftlichen
Gegenstände wacht, steht ebenfalls unter dem Schutze
des Obristburggrafen, und hat den Präsidenten der
Gesellschaft des Museums Grafen Kaspar von
Sternberg gleichfalls zu ihrem Vorsteher gewählt.
Dieser preiswürdige Verein, dem die böhmische Land=
wirthschaft so Vieles verdankt, entstand unter der Re=
gierung der großen Kaiserin Maria Theresia in
den Jahren 1769 bis 1770 unter dem Namen einer
„Gesellschaft des Ackerbaues und der freien Künste,“
und richtete zuerst sein Augenmerk auf die Verbesserung
des Flachsbaues, der Bienenzucht und der Veredlung
der Schafheerden, weßhalb ihm auch die Vertheilung
der spanischen und paduanischen Schafe übertragen
wurde, welche die Kaiserin nach Böhmen gesandt hatte.
Schon im folgenden Jahre wurde der Plan zu einer

landwirthschaftlichen Schulanstalt entworfen, Preisauf=
gaben wurden ausgeschrieben, Prämien, zumal für die
Obstbaumzucht, ausgetheilt, kleine ökonomische Schriften
um geringe Preise verbreitet oder umsonst vertheilt,
von letzteren vorzüglich Abhandlungen über den Anbau
von Futterkräutern und Knollengewächsen, und die
Wirksamkeit dieses Vereins zeigte sich in allen Fächern
wohlthätig, vorzüglich in der Obstbaumzucht, da schon
1785 nahe an 40,000 Metzen Obst ins Ausland ge=
führt wurden. Im Jahre 1789 erhielt die Gesellschaft
von Kaiser Joseph II. einen erweiterten Wirkungs=
kreis, und eine neue Organisation unter den Namen:
„k. k. patriotisch=ökonomische Gesellschaft,‟ die an der
Prager Universität errichtete Professur der Landwirth=
schaft wurde mit ihr in. Verbindung gesetzt, mehrere
Professoren derselben zu Mitgliedern ernannt, und die
Zahl der wirklichen und korrespondirenden Mitglieder
vermehrt, und jedem Wirthschaftsbeamten zur uner=
läßlichen Bedingung gemacht, von dem Professor der
Oekonomie und zwei Mitgliedern der Gesellschaft ge=
prüft zu werden. Fortwährend wurden Prämien für
Verbesserungen in der Oekonomie vertheilt, der große
und kleine Kalender mit einem Anhange landwirth=
schaftlicher Belehrungen entstand, und die Herausgabe
der Schriften der Gesellschaft begann, wurde aber mehr=
mals durch die Zeitläufe unterbrochen. Im Jahre 1819

bildete sich ein pomologischer Verein in Böhmen, der gleichfalls mit der ökonomischen Gesellschaft vereinigt wurde. Verbesserung der Wolle, Seidenzucht, Flachs- bau, eine Prämienstiftung für den verdientesten Stu- direnden der Landwirthschaft u. s. w. beschäftigen die Gesellschaft fortwährend, welche ihr wohlthätiges Stre- ben mit festem Sinne verfolgt.

Die Privat-Gesellschaft patrioti- scher Kunstfreunde trat im Jahre 1796 unter der Leitung ihres ersten Präsidenten, des Grafen F. A. von Kolowrat (nach dessen Tode Graf Franz von Sternberg das Präsidium übernahm) zusam- men, mit dem schönen Zweck, für die Erhaltung und Verbreitung der bildenden Kunst zu wirken. Die Mit- glieder dieses schönen Vereins begannen ihr Streben damit, daß sie theils die Kunstschätze der Malerei, welche sie eigenthümlich besaßen, in einem dazu gewähl- ten Locale vereinigten, theils andere Privatpersonen bewegen, ihre Gemälde, mit Vorbehalt des Eigenthum- rechtes, ebendaselbst aufstellen zu lassen, und endlich für die durch Beiträge der Theilnehmer eingegangenen Geldsummen Gemälde für die neuerrichtete Gallerie der Privat-Gesellschaft patriotischer Kunstfreunde ein- zukaufen, welche nunmehr in 15 Sälen, Zimmern und Gallerien aufgestellt ist. Der größere Theil dieses Locals ist für die Kunstwerke der mittleren Zeit und

verschiedener Schulen bestimmt, folgende ausgezeichnete
Gemälde unter einer großen Zahl guter Kunstwerke
enthaltend *): Eine Landschaft von Jaques d'Ar=
tois. — Eine heilige Familie mit zwei Heiligen von
Fra Bartolomeo. — Eine heilige Familie von
Biscajno.— Eine heilige Familie von Bonaccorsi.—
Die Kreuzabnahme Christi von C. le Brun. — Ju=
dith vom Cavaliere Cairo. — Der heilige Petrus
empfiehlt der Madonna die Aebtissin eines Klosters von
D. Campagnola. — Eine heilige Familie von

*) Diese kleine Uebersicht der vorzüglichsten Gemälde der hie=
sigen Gallerie ist von manchen Reisenden mißverstanden
worden, als könnte sie ihnen zum Wegweiser in jener die=
nen, da sie doch nicht mehr will, und wollen kann, als jene
Reisenden, deren Zeit zu beschränkt ist, um diese Kunst=
schätze mit Muße durchforschen zu können, auf die Bilder
aufmerksam zu machen, deren Betrachtung ihnen die inter=
santeste seyn dürfte, um sich von den Custoden zu denselben
geleiten zu lassen. Ein Reisender, welcher den St. Se=
bastian des Guido Reni allein aufsuchte, kam zu
jenem des Francesco Mola, und ereiferte sich ge=
waltig über den Mißgriff, wie man diesen für ein Werk des
Guido halten könne?! Wenn in dieser zweiten Auflage
die Zahl der hervorgehobenen Bilder kleiner als in der ersten
ist, so geschah dieß auf den Rath bewährter Kunstkenner,
und aus dem doppelten Grunde, theils den Kenner durch
Aufzählung manches minder wichtigen Bildes nicht zu er=
müden, theils aber auch jede nicht ganz begründete Angabe
des Meisters zu beseitigen.

Lucas Cangiasi. — Der abgenommene Christus von Annibal Caracci. — Prinz Johann Wilhelm von Oranien als Knabe, Portrait von van Dyck. — Eine ausgezeichnet schöne Madonna von Carlo Dolce. — Eine Landschaft mit einem Wasserfall von Everdingen, ungewöhnlich groß und schön. — Christus am Oelberge von Dom. Fetti aus Montua. — Der Satyr und der Bauer von Gerhard Lairesse. — Die drei Weisen aus dem Morgenlande von Jac. Ligozzi. — Eine heilige Familie von Luini. — Die Geißelung Christi von Carlo Maratti. — Der heilige Sebastian von Francesco Mola. — Zwei Nachtlandschaften von van der Neer. — Ein Portrait von Ravenstein. — Eine Madonna aus der Raphael'schen Schule. — Der heilige Sebastian, eine betende Madonna und ein Ecce homo von Guido Reni. — Albrecht von Oesterreich zu Pferde von Rubens. — Ein Mädchen mit dem Lichte von Gottfried Schalken. — Job von Gerhard Segers. — Eine große Anzahl Bilder von Karl Skreta. — Wolfs- und Eberjagd, zwei Bilder von Snyers. — Das jüngste Gericht von B. Spranger (Hofmaler Kaiser Rudolph II.) — Der heilige Petrus von Valentino. — Ein Seestück von Isaac van der Velde. — Ein Seestück von Wilh. van der

Velde. — Das Portrait des Malers Bartolo=
meo Vivarino (Veneto genannt, einer der älte=
sten Meister aus der Venetianischen Schule) von ihm
selbst gemalt. — Die Heimsuchung Mariens und
eine heilige Familie von Zimbrecht. — Dann einige
Altar= und andere Gemälde von ungemein großem
Format. — Die Heimsuchung Mariens und Christi
Beschneidung von Contareno. — Allegorie auf
das Königreich Neapel von J. de Matthäi. —
Die Apotheose des Herkules von Guido del Po. —
Schlachtstück von Rosa da Tivoli. — (Philipp
Roos) vielleicht das größte seiner Werke. — Apollo
und Phaeton mit dem Sonnenwagen von Soli=
mena. — Eine zweite Abtheilung (ein Saal und ein
Zimmer) für Werke jetzt lebender oder kürzlich ver=
storbener Künstler: Herrmann und Thusnelde
und m. a. von Bergler. — Jupiter und Ga=
nymed von Bettner. — Eine felsigte Landschaft
von dem jüngern Brand. — Zwei Landschaften von
Burde. — Saphos Sturz vom Leucadischen Fel=
sen von Caucig. — Eine Landschaft von Dahl. —
Eine Landschaft von Denis. — Italiänische Ansichten
von Dies. — Eine Landschaft im Sturm von Du=
vivier. — Achilles bei der Leiche des Patro=
clus von Füger. — Pabst Pius VI. und Gu=
stav von Schweden im Museum Clementinum von

Gagnereau. — Mehrere Portraits von Graff. —
Ein junges Mädchen von Gröse. — Eine Madonna
von J. Q. Jahn. — Der heilige Adalbert von
Tkadlik. — Architecturstücke von Kohl. — Der
Prozeß des heiligen Bernards von Offida von
Francesco Manno. — Landschaft von Mechau. —
Daniel in der Löwengrube von W. Peter. —
Architecturstück von Platzer. — Der Traunfall von
Schödlberger. — Amor und Psyche von
Schöpf. — Die Heimkehr des verlorenen Sohnes von
Stapleaux. — Die dritte aber für Werke der älte-
sten böhmischen, deutschen und niederländischen Maler:
Christus im Grabe sitzend von Heinrich Alde-
gräver. — Martertod eines heiligen Jünglings von
A. Altdorfer. — Kaiser Heinrich und die hei-
lige Kunigunde von H. Burgmaier. — Der
Tod der heiligen Jungfrau, muthmaßlich von Joh.
van Eyck. — Die Marter der heiligen Dorothea
von G. B. Grün. — Christus im Tempel lehrend
von Jobst Harring. — Portraits einer alten Frau,
dann einer Frau in mittleren Jahren und zwei historische Altarflügel von H. Holbein. — Eine sehr wohl
erhaltene Madonna mit dem Kinde, das neue und alte
Testament und mehrere Portraits von Lucas Kranach. — Die Tochter Jephtas von Lucas von
Leyden. — Portrait eines jungen Frauenzimmers

von Bernard von Orley. — Lucretia von Georg Penz. — Christus und der heilige Hieronymus von Hans Scheifelein. — Eine große Anzahl von Bizantinischen Gemälden, viele alte böhmische Gemälde vor Erfindung der Oelmalerei und ein ausgezeichnetes Basrelief, ein Christuskopf von Ferucci.

Eine zweite schöne Frucht des Wirkens dieser kunsthegenden Gesellschaft ist die Errichtung der Zeichen- und Malerakademie, welche in einem folgenden Abschnitte ausführlicher erwähnt werden soll.

Was dieser Verein für die bildende Kunst wirkte, leistete eine zweite Gesellschaft der kunstliebenden Großen Böhmens für die vaterländische Musik, welche im Jahre 1810 unter dem Namen: Verein zur Beförderung der Tonkunst in Böhmen, unter dem Präsidenten Grafen Joh. von Nostiß, zusammentrat und schon ein halbes Jahr später das Conservatorium der Musik gründete, auf welches wir zurückkommen werden.

Hierzu kam noch in den letzten Jahren der Verein der Kunstfreunde für Kirchenmusik, der unter dem Schutze Sr. fürstlichen Gnaden des Fürst-Erzbischofs von Prag, Wenzel Ritters Chlumczansky von Chlumczan und Přestawlk, den schönen Zweck verfolgt, durch Aufführrung großer und klaſſiſcher Kirchenmuſik den ehemaligen regen Sinn für dieß ernſte und erhabne Genre der Tonkunſt, der ſeit Jahrzehenden ziemlich entſchlummert zu ſeyn ſcheint, wieder zu wecken und zu pflegen. Er zählt gegenwärtig ſchon 112 Theilnehmer, und weiſet nach ſeinen letzten Berechnungen, trotz zahlreicher und zum Theil koſtſpieliger Productionen einen bedeutenden Ueberſchuß an Caſſabarſchaft aus.

Andere gelehrte und Kunſt-Sammlungen.

Zu der kaiſerlichen Univerſitäts-Bibliothek, welche unſtreitig unter die wichtigſten Bücherſammlungen des öſterreichiſchen Kaiſerſtaates gezählt werden muß, und gegenwärtig 130,000 Bände umfaßt, wurde der erſte Grund kurze Zeit nach der Beſitznahme des Collegium Clementinum durch die Jeſuiten gelegt, und mit Er-laubniß Kaiſer Ferdinands eine große Anzahl Bü-cher aus dem Cöleſtinerkloſter zu Oibin bei Zittau im Jahre 1560 hieher gebracht, wovon jedoch, außer einigen Manuſcripten wenig mehr vorhanden iſt. Meh-rere Fürſten und Große verehrten der Bibliothek ein-zelne wichtige Werke und ganze Sammlungen, der Kaiſer übergab dem Orden nebſt dem Karolingebäude auch die damals daſelbſt befindliche Bibliothek, und in

der erſten Hälfte des achtzehnten Jahrhunderts wurde
der große Bücherſaal erbaut, welcher zu jener Zeit die
ganze Bibliothek der Jeſuiten enthielt; ein ſchönes,
helles Bauwerk, mit einer Gallerie, der Boden mit
weißem und ſchwarzem Marmor getäfelt, und das
Deckengemälde von Hiebel, nicht ohne Werth. Ein
eigener Schutzgeiſt ſcheint über dieſer Bibliothek gewaltet
zu haben, daß ſie ſelbſt in den gewaltigſten Stürmen
der Zeit keinen beträchtlichen Schaden litt. Als die
Jeſuiten 1618 Böhmen räumen mußten, und das
Gebäude größtentheils verwüſtet wurde, erließ die Re=
gierung ein Dekret an den akademiſchen Senat, ihn
zu ermahnen, er möge dieſe Bücherſammlung an einen
ſichern Ort bringen, damit, im Falle einer Belagerung
der Stadt „ein ſo koſtbares Kleinod" geſchützt
würde. Dieſer Befehl wurde zwar nicht befolgt, aber
gleichwohl fanden die Jeſuiten bei ihrer Rückkehr nach
der Schlacht auf dem weißen Berge die Bibliothek, wie
ſie ſelbe verlaſſen hatten, und erhielten ſogar die weni=
gen daraus entwendeten Bücher zurück. Nicht ganz
ſo glücklich lief es bei der Invaſion der Sachſen ab,
welche eine Menge von wichtigen und koſtbaren Büchern
und Handſchriften wegſchleppten, von denen trotz großer
Bemühungen viele verloren blieben.

Als nach Aufhebung des Jeſuitenordens die Bi=
bliothek, beſtehend aus 15,265 Bänden, Eigenthum

des Staates geworden war, wurde dieser Büchersamm=
lung auch die Karolinische Universitätsbibliothek ange=
reiht, und zu einer akademischen und öffentlichen
k. k. Btbliothek erhoben, welche im Jahre 1777 durch
die sämmtlichen Büchersammlungen aller aufgehobenen
Klöster vermehrt, und mehrere Gemächer und Kreuz=
gänge mit dem Saal verbunden, in welchem jetzt nur das
theologische Fach aufgestellt ist. Auch der bekannte
militärische Schriftsteller, Graf von Kinsky, hat
seine Familien= und Handbibliothek dieser öffentlichen
einverleibt, doch mit der Bedingung, daß sie nie mit
den übrigen Werken vermengt würde, weßhalb sie in
dem einen Seitengange mit der Aufschrift: „Biblio-
theca Kinskiana” aufgestellt ist. In der Mitte
ist das Brustbild des großmüthigen Gebers an die Re=
galien befestigt. In dem großen Saale befindet sich
nebst verschiedenen Erd= und Himmelskugeln von be=
trächtlicher Größe, das marmorne Monument, welches
die Kaiserin Maria Theresia dem Mathematiker
Stepling setzen ließ (am Eingange in den neuer=
bauten Saal, worin die vorzüglichsten Bilderwerke und
Prachtausgaben bewahrt werden), und in dem ehema=
ligen Lesezimmer ist die Büste des Professors der Ma=
thematik, Stanislaus Wydra, aufgestellt. Die
Bibliothek ist übrigens reich an Handschriften, unter
welchen sehenswürdig sind: Evangelium Ducum Bohe-

miae, welches der Herzog Sobieslaw im Jahre
1130 dem Wyssehrader Domkapitel geschenkt hat; Codex Decanorum facultatis philosophicae, von der
Entstehung der vaterländischen Universität, bis zum
Jahre 1583, böhmische Legenden der Heiligen von
Hruby von Geleny und kirchliche Gesangbücher
mit prachtvollen Gemälden und Goldarabesken; alte
klassische Handschriften, die zu einer Ausgabe noch
nicht benützt worden, und zwar: Plinius, Statius, Ho-
ratius, Virgilius, Justinus, Fragmente aus Homer
u. s. w., dann hebräische Handschriften, die nach der
fanatischen Ermordung der Juden zu Eger im Jahre
1350 übrig geblieben; endlich die Biblia minima auf
Blasenpergament, Postille des Magister Johann
Huß, 1413, Zauberbuch, Codices des Mathias
Corvinus und dgl. An Incunabeln: Bibel von
Faust vom Jahre 1462 auf Papier, Ernesti Statuta
provin. 1476. Böhmens Incunabeln: Quidona
z Kolumny Historia Trojanska vom Jahre
1468. Neues Testament vom Jahre 1475. Passio-
nal um das Jahr 1483, Psalter 1487, ganze Bibel
vom Jahre 1488 u. s. w. Nicht minder ausgezeichnet
ist die Bibliothek an Prachtwerken, vornehmlich in der
Naturkunde, Geographie und schönen Künsten. Auch
die vaterländische ganz für sich bestehende Bibliothek,

die nur Schriftsteller Böhmens aufnimmt, ist für jeden Fremden von dem höchsten Interesse.

In der Bibliothek befinden sich die Lesezimmer, in welche täglich (mit Ausnahme des Sonn= und Frei= tages und der Feste) Jedermann eintreten kann. Meh= rere Gelehrte und zumal die studierende Jugend benutzt diese Lesezimmer so häufig, daß an den wöchentlichen Ferientagen nur schwer ein Plätzchen zu finden ist. In früherer Zeit erhielten Literatoren gegen Schein Bücher nach Hause, doch hat seit einigen Jahren eine kaiser= liche Verordnung diese Begünstigung bloß auf die Pro= fessoren der Universität beschränkt. In einem Neben= zimmer zwischen dem Bibliothekssaale und den Lese= zimmer befinden sich zwei Oelgemälde aus dem vier= zehnten Jahrhundert, eine Maria mit dem Kinde von Thomas von Mutina, das zweite das Brustbild des heiligen Apostel Mathias von dem Hofmaler Karls IV., Theodorich.

Die erzbischöfliche Hausbibliothek enthält bedeutende Kupferwerke und ist vorzüglich im historischen und theologischen Fache reich ausgestattet.

Das Archiv des Domkapitels besitzt viele alte Original=Urkunden, bis auf die Zeit Wen= zel II. zurück, und eine von 1205, nebst Copien von Urkunden und Diplomen aus der Landtafel, welche Karl IV. in der zweiten Hälfte des vierzehnten Jahr=

hunderts sammeln ließ. Die Bibliothek des
Domstiftes enthält einen Schatz von Handschriften,
die man auf 4000 Bände berechnet, und von welchen
ein merkwürdiger Coder sich aus dem Jahre 1254 her=
schreibt; er umfaßt die vier Evangelisten mit großen
Buchstaben, geringen Abkürzungen, und sehr lesbar
geschrieben; ferner 16 Blätter eines lateinischen Evan=
geliums, wie man sagt, von dem Apostel Markus
eigenhändig geschrieben (aus dem vierten Jahrhundert),
welche Carl IV. von dem Patriarchen von Aqui=
leja erhielt. Ferner befinden sich hier das Original
der böhmischen Chronik des Cosmas von Prag und
die Handschrift des Christianus.

Die Bibliothek des Prämonstratenser=
Stiftes am Strahow wird auf 50,000 Bände
und etwa 1000 Manuscripte berechnet. Unter die
seltenen Werke rechnet man vor Allen die uralten
Ausgaben des Aeneas Sylvius und des jüngern
Plinius (Venedig 1472), unter den Handschriften
aber bemerken wir ein Bruchstück aus Rudolphs
altdeutschem Epos: Wilhelm von Orleans,
und zwei venetianische Bibeln auf Pergament geschrieben.

Die Stiftsbibliothek der Kreuzherren
mit dem rothen Stern besitzt nebst vielen alten
Handschriften, von den Ordensgliedern vor Erfindung
der Buchdruckerkunst copirt, eine Sammlung von Hand=

zeichnungen alter Schlösser von Johann Willen=
berger.

In der Bibliothek von St. Thomas
befindet sich der Codex Thomaeus, 1409 geschrieben,
von großer Bedeutung und Werth.

Das Archiv des Altstädter Rathhau=
ses enthält gleichfalls viele merkwürdige Urkunden aus
den älteren und ältesten Zeiten.

Da Se. Durchlaucht der k. k. Obrist=Hofmarschall
Fürst von Colloredo=Mannsfeld seiner reichen
Gemälde = Gallerie eine andere Bestimmung in seinem
Palast in Wien gegeben, und ein Theil der schönsten
Bilder bereits dahin abgegangen, die übrigen gleich=
falls folgen sollen, so kann diese schöne Sammlung nicht
mehr unter die Besitzthümer Prags gezählt werden,
und es ist unter den Privat = Bildergallerien nur noch
die Sammlung des Grafen von Nostitz, welche sich
durch bedeutenden Umfang, Werth, Auswahl und eine
sinnige Aufstellung auszeichnet. Vorzüglich bemerkens=
werth sind darin: Ein Mann und eine Frau, lesend,
von Cuyp. — Der heilige Bruno von van
Dyck. — Zwei Landschaften von Everdingen.—
Das Leiden Christi von van Eyck. — Baum=
reiche Landschaft von Hackert. — Der Mäusethurm
im Rhein von Hodges. — Eine Räuberscene von
J. v. Huchtenburg. — Die Ehebrecherin und

ein alter Mann mit einem jungen Mädchen von
L. Kranach. -- Eine Familiescene von Miris. —
Eine ländliche Scene von J. von Ostade. — Ein
sterbender Greis von Pauditz. — Drei Landschaften
von C. Poussin. — Der weinende Petrus und
St. Franciscus von Assisi von Guido Reni.
— Der heilige Hieronimus von J. Ribera. —
Drei Thierstücke von Rosa da Tivoli (Philipp
Roos). — Vier Landschaften von Salvator Rosa.
— Der Prinz von Oranien zu Pferde und andere
Portraits von Rubens. — Eine dunkle Landschaft
von Ruisdael. — Amor und Psyche bei Lam-
penschein und ein Bachanal von Schalken. —
Christus von Segers. — Prokris und Ce-
phalus und Paris und Helena von Skreta.
— Eine Schweinsjagd und Ansicht einer Straße von
Snyers. — Eine Bauern-Conversation von D. Te-
niers. — Ein Conversationsstück von Terburg. —
Venus und Adonis aus Tizian's Schule. —
Der sterbende Seneca und Moses an den Felsen
schlagend von Vaillant. — Ein Seestück mit Schiffen von
J. van der Velde. — Danae Diana und Actäon
und der Raub der Sabinerinnen von Paolo Ve-
ronese. — Simson und Dalila, Venus,
Mars und Amor von van der Werff. — Ein
ganzes Zimmer voll ausgezeichneten Stilllebens, dar-

unter ein Stück von A. Mignon, eines von J. de Haen u. s. w. Mehrere Portraits von ausgezeichnetem Werthe; darunter Lorenz Koster aus Harlem von Holbein (oder Quintin Messis), dann Holbein's Frau als Mädchen und Mutter, von ihm selbst gemalt, andere Contrefeys von Holbein, Hondhorst, Pauditz, Porbus, Rembrandts Portrait, von ihm selbst gemalt, ferner eine Sammlung Familienbilder, der gräflich Nostitz'schen Familie von Kunst= und historischem Interesse, und einige Basreliefs, darunter eine heilige Familie in Alabaster und ein schlafender Amor von weißem Marmor, nebst einer Auswahl von Abgüssen der vorzüglichsten Antiken, Statuen und einer modernen Gruppe (Canova's Amor und Psyche).

In den Zimmern der kaiserlichen Hofburg befindet sich, obschon viele Bilder in der Gallerie der Gesellschaft patriotischer Kunstfreunde aufgestellt worden, noch eine Anzahl schätzbarer, historischer Bildnisse und Gattungsgemälde, vorzüglich Bildnisse von der Hand spanischer, niederländischer und italiänischer Künstler.

Das k. k. Naturaliencabinet zerfällt in die mineralogische und zoologische Abtheilung. Das Mineralien=Cabinet enthält: die oryktognostische (6050 Exempl.), geognostische (700) und paleon=

tographiſche Sammlung (1250), alſo in Summa nahe an 8000 Exemplare, welche in Glasſchränken längs der Wand aufbewahrt werden; darunter befinden ſich ſehr reiche Goldſtufen aus Peru, worin das gediegene Gold in Klümpchen, und eine Stufe, in der es kry= ſtalliſirt vorkommt, ausgezeichnete Silberſtufen, Gold= ſand aus den Flüſſen Böhmens, ein ſechseckig kryſtal= liſirter Smaragd in der Quarzmutter aus Amerika, opaliſirender Marmor u. ſ. w. — Das zoologiſche Cabinet beläuft ſich, obſchon erſt ſeit Kurzem ge= gründet, bereits auf 2000 Exemplare, worunter ſich mehrere Seltenheiten befinden.

Die k. k. Sternwarte beſitzt eine große Zahl von Uhr= und andern Kunſtwerken, darunter von dem Meiſter Johan Klein zwei Uhrwerke, die beiden Syſteme des Kopernicus und Tycho de Brahe verſinnlichend, und eine Himmelskugel, welche ſowohl ten Auf= und Untergang der Sonnenbahn, den Monds= lauf, als auch der Sterne dargeſtellt. Unter den ma= thematiſchen Inſtrumenten befindet ſich der einzige noch vorhandene Ueberreſt von Tycho de Brahe's aſtrono= miſchen Geräthſchaften (welche Kaiſer Rudolph aus ſeinem Nachlaſſe um 30,000 Gulden erkaufte), ein Sextant, deſſen ſich der große Aſtronom bediente. Alles Uebrige haben die Schweden mit ſich fortgeführt.

Unter den neuen Inſtrumenten zeichnen ſich vor=

züglich aus: Ein dreifüßiger Vollkreis von dem be=
rühmten Troughton in London; — ein dreifüßiger
Meridiankreis nach Reichenbachs Bauart; — das
Universal=Instrument Reichenbachs; — ein achro=
matisches Fernrohr zu einem siebenfüßigen Mauer=
quadranten, das mit einem Faden = Mikrometer ver=
sehen ist, um die Planeten Venus und Jupiter auch
bei Tage sammt Sternen zu beobachten; — ein drei=
füßiger Quadrant von Huberti in Würzburg; ein
siebenfüßiges vortreffliches Fernrohr mit einem achro=
matischen Objectiv von Dollond; — verschiedene
andere Fernröhre; — ein Cometensucher von Fraun=
hofer; — zwei Spiegelteleskope; — sechs astrono=
mische Pendeluhren; die vorzüglichste ist von Lepante
aus Paris, die Hr. Kossek durchaus mit Rubinen
besetzt, und an der Gabel der Pendelstange zwei Schräub=
chen, welche auf die zwei eingesetzten Rubinen stoßen,
und die Bewegung des Pendels unterhalten, angebracht,
auf diese aber zwei Platinblättchen angelöthet hat, um
die Auflösung des Messing durch das Oel zu beseiti=
gen u. s. w.

Das k. k. physikalische Cabinet besaß
1828 an Instrumenten und Apparaten 473, an Glas=
geräthen zu physischen und chemischen Versuchen 463
Stück. Unter den ersten befanden sich nebst den ein=
fachen und zusammengesetzten Maschinen für den Unter=

richt in der Mechanik (Atwood's Fallmaschine, Modell der Frictionsrollen u. s. w.) ein vollständiger Apparat für hydrostatische, hydraulische und aërostatische Versuche, als: mehrere hydrostatische Wagen, worunter jene, die von dem rühmlich bekannten Mechanikus Bozek verfertigt wurden, sich als vorzüglich brauchbar bei den feinsten Versuchen erprobt hat; alle Arten Aërometer, Piknometer, die Luftwage nach Angabe des k. k. Gubernialraths Ritter von Gerstner, alle Gattungen von Heronsbrunnen, Wasserschrauben, Wasserschnecken, Saug- und Druckwerke, deren Cylinder sämmtlich von Glas verfertigt sind, bei denen der Schüler den Wechsel sämmtlicher Ventile sehen kann; Neals Wasserpresse, Hell's Wasserhebmaschine, Segner's hydraulische Maschine, Brahma's Wasserpresse, Montgolfier's Stoßheber u. s. w. Ferner ein bequemer Quecksilber- und Wasser-Apparat sammt Oefen, Luftpumpen (deren eine aus zwei Cylindern von Messing besteht, wovon jeder 2′ lang und 4″ im Lichten hat). Alle Gattungen Barometer und Thermometer, Hygrometer, worunter der Daniell'sche sich auszeichnet; die vorzüglichsten Werkzeuge, um die Kraft der Dämpfe zu zeigen, als Aërolipil, Papin's Töpfe nach den verschiedenen Verbesserungen, Dampfmaschinen-Modelle von verschiedener zweckmäßiger Größe; Lavoisiers und La Place Calorimeter;

Pyrometer von allen Arten. Unter diesen zeichnen sich an Einfachheit und Zweckmäßigkeit der La Place-Ferguson'sche aus, der mit einem Achromat und Mikrometer versehen ist, wodurch die Ausdehnung ¹/₁₀₀ eines Pariser Zolls beobachtet werden kann. Ein vollständiger Chladni'scher Apparat verschiedener Glastafeln, Glasröhren, Metall- und Holzstäben, um Klangfiguren hervorzubringen und die Schwingungsknoten zu zeigen, nebst Monochord, Hör- und Sprachrohr, Aeolsharfe und anderen akustischen Instrumenten. — An Luftgüteprüfungs-Instrumenten besitzt das Cabinet nebst dem Fontana'schen den Volta'schen und den Döberein'schen von doppelter Art, wovon einer vorzüglich für das Zusammensetzen des Wassers aus Oxygen und Hydrogen dient. Eine große Zahl von Instrumenten, um die Lehre vom Lichte verständlich zu machen. — Vier electrische Apparate. — Zwei Zamboni'sche Säulen sammt Pendel und eine Volta'sche Säule von 50 Plattenpaaren. Für electromagnetische Versuche Oerstedt's Apparat, ein Deflagrator oder Calorimeter, Marianini's Multiplikator sammt Zugehör, natürliche und künstliche Magnete u. s. w., Erd- und Himmelsgloben, Sphära, Armillaris, Quadranten und andere Meßinstrumente. — Größere und zu feineren Observationen dienende magnetische Apparate sind in der

Arbeit, und werden laufendes Jahr fertig. So ist auch ein großer Oerstedt'scher Apparat im Werke; ferner eine zu feinen und genauen Theilungen bestimmte Theilmaschine.

Das akologische Cabinet, von Professor Krombholz durch Jahre sorgfältig gepflegt, geordnet und vermehrt, enthält unter vielen andern auch eine Sammlung von Modellen aller seit Hippokrates bis auf unsere Zeit in Vorschlag und Anwendung gebrachten Maschinen zur Heilung von Beinbrüchen und Verrenkungen.

Das chemische Laboratorium enthält manches schöne Präparat und viele sehr zweckmäßig eingerichtete Apparate. — Professor Ilg besitzt eine ausgezeichnet schöne Sammlung von Skeletten verschiedener Thiere, ferner von Insecten, von Zähnen verschiedener Säugethiere, und endlich die verschiedenen Gebilde des menschlichen Ohres auf das kunstreichste und zweckmäßigste präparirt.

(Diejenigen wissenschaftlichen und artistischen Sammlungen, welche hier nicht erwähnt worden, kommen in dem am Schlusse dieses Werkchens befindlichen „Wegweiser für Reisende" vor, worin auch die Angabe der Localität und Vorsteher der angeführten folgen.)

Lehr = und Bildungsanstalten.

Die k. k. Karl = Ferdinands = Universi = tät, die erste und wichtigste Lehranstalt des König = reichs, verdankt ihre Entstehung, so wie so vieles andere Gute und Schöne in Böhmen, dessen großem Wohl = thäter Karl IV., welcher, in Paris erzogen, die dor = tige hohe Schule kennen lernte, und da er dieses In = stitut als eine Pflanzschule, sowohl guter Staatsdiener als nützlicher Bürger und Künstler ansah, hatte er kaum die Regierung seines Staates angetreten, als er darauf bedacht war, die einzelnen Abtheilungen, worin die Gegenstände der vier Fakultäten abgesondert vor = getragen wurden, in ein Ganzes zu vereinigen, und schon 1348 den Grund zu Prags Universität legte, welcher er große Vorrechte und Begünstigungen ver = lieh, so daß die Studirenden eine eigene, von dem Stadtrathe unabhängige Gerichtsbarkeit erhielten, und bloß unter dem akademischen Rathe standen, der so = wohl in bürgerlichen als Criminalfällen unumschränkt zu entscheiden hatte. Die Ausländer, welche Prags hohe Schule zu besuchen kamen, wurden von allen Zöllen und andern Auflagen befreit, und die Zollbeam = ten durften das Gepäcke eines Reisenden und seiner Bedienten nicht einmal untersuchen, sobald er sich mit

einem Paſſe als Studierender auswies. Die Folge
dieſer Vorzüge war natürlich, daß die Jünglinge des
Auslandes von allen Seiten ſehr häufig zuſtrömten,
und die hohe Schule, welche im erſten Jahre 722 Stu=
dierende beſaß, zählte nach den Ausſagen gleichzeitiger
Schriftſteller, unter der Regierung König Wenzels
deren an 60,000. Der Lehrplan der Pariſer Univer=
ſität wurde als Grundlage angenommen, und zur Be=
förderung einer Gleichförmigkeit in der Lehrart, ſetzte
der Kaiſer alle früher in Prag vorhandenen Schulin=
ſtitute unter die unmittelbare Leitung und Verwaltung
der Univerſität, und ſtattete ſolche mit reichlichen Ein=
künften zum Unterhalte ihrer Lehrer aus; da aber
Böhmen in jener Zeit nicht genug Gelehrte beſaß, um
alle Lehrſtellen mit Söhnen des Vaterlandes zu be=
ſetzen, ſo wendete der Monarch Alles an, die ausge=
zeichnetesten Männer des Auslandes an ſeiner Hoch=
ſchule zu vereinigen, und ordnete vor der Hand an, daß
die Fremden bei Entſcheidung der akademiſchen Ange=
legenheiten drei, die böhmiſchen Lehrer nur Eine Stimme
haben ſollten, ſo daß die Glieder der Univerſität vier
Abtheilungen (die böhmiſche, deutſche, polniſche und
bairiſche Nation genannt) ausmachten; doch erhielt dieſe
Begünſtigung nie eigentliche Geſetzkraft, und wurde
ſchon unter Wenzel IV. wieder aufgehoben.

Den erſten Raum für ſeine Hochſchule gewann

Karl IV. durch den Ankauf eines Hauses von dem
Israeliten Lazar, in der Nähe der gegenwärtigen
Judenstadt; aber sein Nachfolger, König Wenzel,
welcher für die Universität nicht minder Vorliebe hegte,
nicht allein alle Vorrechte der Akademiker bestätigte,
sondern ihnen neue Freiheiten zugestand, und ihre Einkünfte vermehrte, ließ das gegenwärtige Universitätsgebäude zur Aufnahme der Studien erbauen, und
nannte es nach seinem erlauchten Vater Collegium
Carolinum; doch leider erhob sich schon unter diesem
Fürsten die Flamme der Zwietracht unter den Glie-
dern der Universität, als deren eigentlichen Urheber die
meisten Geschichtschreiber einstimmig den M. J. Huß
benennen; doch begannen die Zwistigkeiten zwischen den
Fremden und Einheimischen, welche Letzteren das Uebergewicht der Stimmkraft jener nicht dulden wollten, und
verlangten, man solle sich nach dem Stiftungsinstru-
ment halten, wie auf den Universitäten zu Paris und
Bologna, wo die Franzosen und Italiäner auch das
Uebergewicht über die Ausländer behaupteten, schon
bald nach dem Tode Karl IV. (also in Hussen's
Knabenjahren), doch ohne eigentlichen Erfolg, und erst
später, als Wenzel die einheimischen Lehrer, unter
ihnen Johann Huß, seinen politischen Ansichten ge-
horsamer als die Ausländer fand, erklärte er, es sei un-
billig und unschicklich, daß Fremdlinge, die sich auf

kein Recht als auf den bisherigen Gebrauch stützen könnten, größere Vortheile genießen sollten, als die Landeskinder, und, den streitigen Punkt gewaltsam lösend, ließ er jenen nur Eine Stimme, und gab diesen drei. Die bedrängten Ausländer baten den König um Abhilfe, und machten mildernde Vorschläge, verbanden sich aber durch einen Eid, eher die Universität zu verlassen, als auf die bisher beobachtete „lobenswerthe Gewohnheit" zu verzichten. Der König bestand nichts destoweniger auf seinem Sinne, und die ausländischen Lehrer verließen ihre Lehrkanzeln und das Königreich. 16,000 Studierende folgten ihnen binnen kurzer Zeit, und bald war Prag von den meisten ausländischen Schülern verlassen, welche sich nach den neuerrichteten Hochschulen in Sachsen, Baiern und Polen wandten. Johannes Huß legte am 11. September 1411 eine feierliche Protestation ein (welche noch in den Urkunden der Prager Universität vorhanden ist), worin er unter andern sagt: „Es ist falsch, daß ich Ursache gewesen bin, daß einige deutsche Lehrer aus Prag vertrieben worden; da sie selbst weder dem Stiftungsbriefe der Prager Universität, noch dem Kaiser und König Wenzel gehorchen wollten; in der Meinung, ohne ihre Gegenwart könne die Prager Universität nicht bestehen, haben sie sich, ohne daß sie Jemand verjagte, in ihre Heimath, oder wohin sie sonst wollten, begeben." König

Wladislaw fand im Jahre 1472 für gut, Wenzels Entscheidung zu bestätigen, woraus sich allein, wenn nicht andere Thatsachen noch deutlicher dafür sprächen, abnehmen läßt, daß die Ausländer die erste Hochschule Deutschlands nicht gänzlich verlassen hatten, oder deren doch viele wieder dahin zurückgekehrt seyn müssen. So schnell die Universität zu Prag sich zu einer bedeutenden Blüthe erhoben, eben so schnell schien sie nun dem Falle entgegen zu eilen, und in den verhängnißvollen Tagen der ersten Hälfte des fünfzehnten Jahrhunderts wurden die Schulen sogar auf einige Zeit geschlossen, dann aber katholische und utraquistische Lehrer bei der Hochschule angestellt, die nie zu einer wahren Einigkeit gelangten, bis Ferdinand I. der Carolinischen Universität, welche damals ganz mit utraquistischen Lehrern besetzt war, eine zweite unter der Leitung der Jesuiten entgegenstellte, und eine Verordnung erließ, kein Grundherr sollte einem seiner Unterthanen hinderlich seyn, wenn dieser sich dem akademischen Studium widmen wollte.

Beide Universitäten bildeten einen Wettstreit in theologisch-polemischen Verhandlungen, die ihren wahren Zweck keineswegs förderten, und die Einkünfte beider, zumal der Karolinischen, geriethen in großen Verfall, bis Kaiser Rudolph sich bemühte, den Zwist der Hochschulen beizulegen, durch Anweisung neuer Fonds den Unterhalt der Lehrer sicherte, und Gelehrten und

Künstlern des In= und Auslandes, ohne Rücksicht auf
Stand und Glauben, ansehnliche Gnadengehalte und
Ehrenstellen verlieh. Er war es, der Tycho de Brahe
nach Prag berief, und ihm eine eigene Sternwarte zu
seinen Beobachtungen über Natur und Bahn der
Himmelskörper erbauen ließ; wichtige Handschriften,
antike Bildsäulen, Gemälde, Naturalien wurden ge=
sammelt, um die Studien zu erleichtern, ein botanischer
Garten an der Burg angelegt, und Kunst und Wissen=
schaft jeder Art und Gestalt fand einen vaterländischen
Beschützer an dem Monarchen; doch unter seinen Nach=
folgern entzündeten sich neue Kriegsstürme und beide
Universitäten geriethen in Verfall, bis Ferdinand III.
sie unter dem Namen: Karl=Ferdinands=Uni=
versität in Eine vereinigte, zu deren immerwähren=
den Kanzler er den jeweiligen Erzbischof von Prag er=
nannte, und dem wiedergebornen Lehrinstitute neue,
reiche Stiftungen verlieh, welches nach und nach seine
gegenwärtige Gestalt erhielt, die ihm noch immer einen
Platz unter den ausgezeichneten Hochschulen gewährt.

Die Mitglieder der Universität werden noch wie
in ältern Zeiten in vier Fakultäten: die theologische,
juridische, medizinische und philosophische abgetheilt,
und die Wissenschaften, welche nach dem neuesten Schul=
plane in den Hörsälen der letztern in zwei Jahrgängen
vorgetragen werden, sind folgende: Theoretische und

practische Philosophie, reine und angewandte Mathe=
matik, Experimentalphysik, lateinische Philologie und
Religionsunterricht. Zu den freien Gegenständen, unter
denen die Zöglinge wählen können, welche sie für ihre
künftige Bestimmung als nothwendig erkennen, gehö=
ren: Allgemeine Naturgeschichte nach Erleben
mit Benützung der gesammelten neuen Ansichten, all=
gemeine Geschichte, österreichische Staatengeschichte, Er=
ziehungskunde, höhere Mathematik, theoretische und
praktische Astronomie, praktische Geometrie, klassische
Literatur, griechische Philologie, Aesthetik, Geschichte
der Philosophie, Diplomatik und Heraldik, Landwirth=
schaft, böhmische, italiänische, französische und englische
Sprache und Literatur.

Die vierjährigen Studien der Theologie begreifen
in sich: Christliche Kirchengeschichte mit Rücksicht auf
Patrologie und theologische Literärgeschichte, griechische
und hebräische Sprache, hebräische Alterthümer, Ein=
leitung und exegetische Vorlesungen über die Bücher
des alten und neuen Bundes, öffentliches und Privat=
kirchenrecht, Dogmatik, Moral= und Pastoral=Theologie,
Pädagogik und Katechetik. Ueberdieß werden noch
außerordentliche öffentliche Vorlesungen über die chal=
däische, syrische und arabische Sprache und besondere
exegetische über die Briefe der Apostel Paulus gehalten.

Das juridische Studium umfaßt in vier Jahrgän=

gen: Eine kurze Encyclopädie des juridisch = politischen Studiums in Oesterreich, das natürliche Privat= und öffentliche, dann das peinliche Recht, das europäische Völkerrecht, allgemeine europäische und österreichische Statistik, Geschichte und Theorie des römischen Rechtes, böhmisches Staatsrecht, Bergrecht und bergrechtliches Verfahren, Kirchenrecht, das österreichische bürgerliche Privatrecht, Lehnrecht, die politischen Wissenschaften und Gesetzkunde, Geschäftsstyl und das Verfahren in und außer Streitsachen.

Das medizinische Studium umfaßt fünf Jahr= gänge und folgende Gegenstände in sich: Einleitung in das medizinische höhere Studium, Zoologie, Ana= tomie, Mineralogie, Botanik (in dem bereits erwähn= ten k. k. botanischen Garten vor dem Augezder Thore), dann höhere Anatomie und Physiologie, Chemie, allge= meine Pathologie und Semiotik, Receptirkunst und Pharmakologie, theoretische Chirurgie und Geburts= hülfe mit Uebungen am Fantom, chirurgische Instru= menten= und Bandagenlehre, ferner spezielle Therapie innerer Krankheiten und medicinisch = praktischer Unter= richt am Krankenbette im allgemeinen Krankenhause, chirurgische Therapie, Operationslehre und chirurgisch= praktischer Unterricht am Krankenbette, Augenheilkunde, Thierarzneikunde, gerichtliche Arzneikunde und Zahn= heilkunde; es werden ferner Vorlesungen über Rettungs=

mittel beim Scheintode und in plötzlichen Lebensgefah=
ren auch für das nicht ärztliche Publikum gehalten.
Für Civil= und Landwundärzte, Apotheker und Wehe=
mütter werden die ihnen nöthigen Gegenstände in eige=
nen Lehrkursen vorgetragen.

Was in der neuern Zeit von unserer väterlichen
Regierung für die Universität, und zumal für das
medizinische Studium gethan, ist dem vaterlands=
liebenden Manne zu wichtig, um es nicht hier wenig=
stens in einem flüchtigen Ueberblicke mitzutheilen. Ohne
die Summen zu berechnen, welche die Gebäude und
Sammlungen der Universität und der wohlthätigen
Anstalten, der botanische Garten u. s. w. in den letzten
Jahrzehenden gekostet, so beläuft sich die jährliche Summe
der Gehalte sämmtlicher juridischer, medizinischer und
philosophischer, der Gymnasial=Professoren (die theolo=
gischen werden aus dem Religionsfond bezahlt), dann
die Dotation der Cabinete und Sammlungen sammt
Stipendien und Stiftungen auf 78,917 fl., die Aus=
gaben für das allgemeine Krankenhaus sammt Curhaus,
Irren=, Gebähr=, Siechenhaus und der Findelanstalt
ungefähr auf 182,000 fl. C. M., und so erhalten wir
eine Summe von mehr als einer Viertel Million,
welche der Staat jährlich den Wissenschaften und der
leidenden Menschheit zum Opfer bringt. — Seit dem
Jahre 1808 sind fünf neue medizinische Lehrkanzeln

errichtet worden, nämlich für die Staatsarzneikunde, Anatomie, Chemie, medizinische Klinik für Wundärzte und Augenheilkunde. Oesterreichs Regierung sorgt ferner sehr weise für einen Nachwuchs von Professoren, und hat durch Anstellung von Assistenten eine Pflanz=schule derselben errichtet; solcher Assistenten sind in Prag bei der medizinischen Facultät 9, und zwar bei folgenden Lehrfächern: bei der medizinischen Klinik, medizinisch=chirurgischen Klinik, chirurgischen Klinik, Augenklinik, geburtshilflichen Klinik, Lehrkanzel der Anatomie, der Mineralogie, der Botanik, der Chemie. Diese Assistenten müssen bereits graduirte Doctoren seyn, oder wenigstens eine strenge Prüfung mit Beifall zurückgelegt haben. Ihre Dienstzeit ist auf zwei Jahre bestimmt, kann aber auf vier Jahre ausgedehnt wer=den, und sie haben die Verpflichtung, sich in dem ge=wählten Fache besonders zu vervollkommen.

In dem erzbischöflichen Alumnat werden Jüng=linge, die sich dem theologischen Studium widmen, zu Weltpriestern gebildet; sie sind in 7 Museen oder Studierzimmern nach den Schuljahren eingetheilt und ein Rector mit zwei Subrectoren führt die Aufsicht über diese Pflanzschule der Gottesgelehrtheit.

Das wendische Seminarium St. Pe=ter, welches Zöglinge katholischer Religion dieser Nation aus der Oberlausitz unterhält.

Als Vorbereitungsschulen für die Universität besitzt Prag drei Gymnasien; auf der Altstadt, Kleinseite, und Neustadt, von welchen das letztere bloß aus Priestern des Ordens der frommen Schulen besteht, die beiden erstern aber von weltlichen und geistlichen Professoren zusammengesetzt sind, und jedes derselben steht unter der Leitung eines Präfecten.

Die neueste Bildungs-Anstalt ist das auf Befehl Sr. k. k. Majestät nächst dem Piaristen-Collegium neu erbaute (nach dem Wiener k. k. Stadt-Convict organisirte) Convict, vor der Hand für 42 Zöglinge, 30 Adeliche und 12 Bürgerliche eingerichtet, dessen Leitung dem Orden der frommen Schulen anvertraut ist. Die Zöglinge erhalten darin die unentgeldliche Kost, Wohnung, Wäsche, Bedienung, und nebst dem Unterricht in den öffentlichen Schulen, auch den, wenn sie in den höheren Klassen sind, in der französischen und italiänischen Sprache, dann im Zeichnen, und sind sie im Genusse der gräflich Straka'schen Stiftung, auch den Unterricht in den gymnastischen Uebungen, als im Tanzen, Reiten und Fechten. Die Kandidaten in dieses neue Bildungsinstitut wählt die hohe Landesstelle, und schlägt dieselben Sr. k. k. Majestät zur hohen Bestätigung vor. Gute Studienatteste und Mittellosigkeitszeugnisse entscheiden bei der Wahl der Kandidaten. Die Bittwerber des adelichen Standes aber müssen sich überdieß in Hinsicht der Straka'schen und Ferdinand'schen Stiftung auch noch ausweisen, daß sie aus einer adelichen böhmischen Familie stammen. Auch Kostgänger zu sechs Plätzen werden gegen die Bezahlung von jährlichen 300 fl. C. M. in dieses Institut aufgenommen, nur muß ein solcher Kostgänger zehn Jahre alt, und fähig seyn, in die erste Grammatikalklasse einzutreten; aber auch nicht über die Grammatikalklasse hinaus seyn. Seine Fähigkeit muß er durch gültige Studienzeugnisse darthun, und wenn diese ihm fehlen, oder sonst ein Zweifel darüber entstände, so muß er sich einer vorläufigen Prüfung unterziehen, um bestimmen zu können, für welche Klasse er tauglich sey. Er muß von guten Sitten, und gleich den übrigen Zöglingen, mit keiner chronischen Krankheit behaftet seyn. Ein solcher Kostgänger erhält gleich den übrigen Stiftlingen Kost, Quartier, Beheizung, Bedienung, Kleidung, Erziehung, Unterricht nebst dem öffentlichen in der Schule und in der Kalligraphie, und, rückt er in die höheren Schulen vor, auch in der französischen und italiänischen Sprache, dann im Zeichnen, wie auch weitere Ausbildung in mitgebrachten musikalischen Kenntnissen, in Erkrankungsfällen den ärztlichen Beistand, dauert aber die Krankheit über acht Tage, so haben die Eltern oder Vormünder alle Kosten zu tragen.

In der Hauptmusterschule, die, mit einer Mädchenschule verbunden, außer dem Jugendunterrichte, vorzüglich die Bildung brauchbarer Landesschullehrer zum Zwecke hat, werden folgende Gegenstände vorgetragen: Lehrmethode und Schulpädagogik im Allgemeinen, Religion und Moral, deutsche Sprache und Rechtschreibung, Stylistik und Kalligraphie, Arithmetik und Geometrie, Mechanik, Baukunst, Naturgeschichte und Naturlehre, Erdbeschreibung, Anfangsgründe der lateinischen Sprache und Zeichnen.

Die drei Hauptschulen Prag's (zwei für Christenkinder, am Thein und bei den Piaristen, und eine für die israelitische Jugend, wovon die erstere und letztere ebenfalls mit Mädchenschulen verbunden sind) haben denselben Lehrplan, wie die eben genannte, mit dem Unterschied, daß die Pädagogik und lateinische Sprache wegfällt, und in der Hauptschule der Judenstadt statt der christlichen Religionslehre das Bne Zion vorgetragen wird.

Außer diesen Lehranstalten besitzt Prag neunzehn Pfarrschulen, worin die Kleinen beiderlei Geschlechts in der Religion, Lesen, Schreiben und Rechnen den nothwendigen Unterricht erhalten.

Das Kloster der Ursulinerinnen, welche sich ausschließlich dem Geschäft der Erziehung des weiblichen Geschlechts widmen, ist um die Mitte des siebenzehnten Jahrhunderts von der Gräfin Sybille von Lamboy gestiftet worden, welche sieben

Urſulinernonnen aus den Niederlanden nach Prag berief,
wo ſie theils aus eigenem Vermögen, theils durch ihre
Verbindungen für ſelbe wirkte, und die frommen Schwe=
ſtern fanden hier an dem Erzbiſchofe von Harrach
einen thätigen Beſchützer. Ein Theil der Urſuliner=
nonnen wurde nachher von der Kaiſerin Eleonora
nach Wien berufen, und aus dem ſtets wachſenden
Vermögen erbauten die Zurückgebliebenen das Kloſter,
welches gegenwärtig ſieben und vierzig Fräuleinſtiftun=
gen zählt, die theils die Familien der Stifter, theils
die Oberin zu vergeben hat; doch haben die Vermögens=
umſtände des Ordens durch die Stürme der Zeit ſehr
gelitten. Außer dieſen Stiftungsplätzen werden auch
Mädchen gegen Bezahlung zur Erziehung übernommen,
und die thätigen Nonnen beſorgen noch eine Mädchen=
ſchule, welche in keiner Verbindung mit den Stiftlin=
gen und den Koſtfräuleins ſteht.

Eine ähnliche Erziehungsanſtalt beſteht auf der
Kleinſeite bei den ſogenannten Engliſchen Fräu=
len, die jedoch unter keiner ſo ſtrengen Regel ſtehen,
als die Urſulinernonnen, ausgehen, und ſogar, wenn ſie
ſich vermählen wollen, aus dem Stifte treten dürfen.

Das polytechniſche Inſtitut unter der
Leitung des gelehrten Ritter von Gerſtner, iſt
von den hochgeſinnten böhmiſchen Ständen mit dem
Zwecke gegründet worden, die vaterländiſche Induſtrie

durch wissenschaftlichen Unterricht zu beleben und zu
erhöhen, und in demselben ursprünglich mit den Lehr=
stellen der Arithmetik und Geometrie, Mechanik im
weitesten Umfange, bürgerlichen und Straßen = und
Waſſer=Baukunſt und Chemie ausgestattet, mit welcher
die eigentlich zur Univerſität gehörige Lehrkanzel der
Landwirthſchaft vereinigt und überdieß außerordentliche
Vorleſungen über die Mineralogie eröffnet wurden. —
Außer dieſem muſterhaften Inſtitute verdankt Prag
und Böhmen ſeinen Ständen noch mehrere gymnaſtiſche
Lehranſtalten, denn ſchon 1658 geſtattete denſelben Kaiſer
Leopold I. einen eigenen Landſchaftsbereiter und
andere Exercitien=Meiſter anſtellen zu dürfen, um den
Jünglingen, deren Eltern Verdienſte um den Staat
und nicht die hinlänglichen Mittel zur ſtandesgemäßen
Erziehung ihrer Kinder hätten, Gelegenheit zur Erler=
nung dieſer ritterlichen Uebungen zu verſchaffen, mit
vorzüglicher Rückſicht auf diejenigen, welche ſich dem
Gewerbe der Waffen zu widmen gedächten. So beſteht
nunmehr die ſtändiſche Reitſchule mit einem ſtändiſchen
Oberreiter, Adjunkten und Unterbereiter, in welcher acht
Zöglinge unentgeltlichen Unterricht erhalten; die ſtändiſchen
Fecht= und Tanzmeiſter haben jeder nur ſechs Zöglinge.

Die Akademie der zeichnenden Künſte,
welche, wie wir bereits erwähnten, durch die ſegenreiche
Wirkſamkeit der Geſellſchaft patriotiſcher Kunſtfreunde

gegründet wurde, hat unter der Leitung des wackern
Direktor Bergler, der als Künstler und Mensch
die Liebe und Verehrung aller kunstsinnigen Bewohner
Prags genoß, und dessen im Juni 1829 erfolgter Tod
die allgemeinste Theilnahme erregte, bereits die schön=
sten Früchte getragen. In drei Sälen werden hier
Jünglinge versammelt, um sich stufenweise zu Künst=
lern auszubilden, und viele derselben sind bereits zu
tüchtigen Männern herangereift, die sich mit Ernst
und Liebe ihrem schönen Berufe weihen. Der größte
Zeichensaal ist ganz mit Zeichnungen des würdigen er=
sten Vorstehers und Gründers dieser Anstalt decorirt,
meist Skizzen und Studien aus der schönen Zeit, wo
er in Italien seine Kunstanlagen nach den dortigen
großen Mustern ausbildete; Copien nach Domeni=
chino, aus den Raphael'schen Logen, Zeich=
nungen nach Antiken, worunter ein Laokoon, der
in Rom den Preis erhielt, u. s. w. Im zweiten
Saale wird bei nächtlicher Beleuchtung nach der Na=
tur, und im dritten, worin sehr brave italiänische Gyps=
abgüsse der vorzüglichsten plastischen Kunstwerke der
Griechen (Laokoon, Niobe, Apoll von Bel=
vedere, Venus von Medicis, die Fechter,
Antinous, eine große Anzahl von Büsten u. s. w.)
aufgestellt sind, nach der Form der Antike gezeichnet.
Alljährlich werden einige Preise an die vorzüglichsten

Zöglinge des Instituts vertheilt, und mit dieser Feier-
lichkeit eine Art Kunstausstellung von andern Gemälden verbunden.

Dem Vereine zur Beförderung der Tonkunst in
Böhmen hat das Königreich die Errichtung des Conservatoriums der Musik zu verdanken, welches
von dieser kunsthegenden Versammlung im Jahre 1810
als die erste Anstalt dieser Art, außerhalb der Gränzen Frankreichs und Italiens gegründet worden, und
schon nach der kurzen Zeit von zwanzig Jahren hinlänglich bewiesen, daß es die schönen Hoffnungen, welche
wir auf dasselbe baueten, vollkommen zu erfüllen im
Stande ist. Bereits werden dessen Zöglinge für Capellen
und Orchester gesucht, und das jugendlich blühende
Institut hat seine Jünger schon in mehrere Provinzen
des Kaiserreichs, nach Polen und Rußland ausgesandt.

Das Conservatorium wird durch unterzeichnete
Beiträge jener vereinten Adelichen erhalten, welche
halbjährig vorausbezahlt werden, und der gewählte
Ausschuß, unter dem Namen Direction des Instituts,
besteht aus einem Präsidenten, einem Referenten und
Geschäftsleiter Kassier und vier Beisitzern. Die Direction hält, so oft es die Gegenstände erfordern, ihre
Sitzungen, ernennt die Lehrer, bestimmt die Aufnahme
der Schüler und erstattet jährlich in einer Generalversammlung aller in Prag wohnenden und anwesen-

den Mitglieder Bericht über den Fortgang des Instituts und den Zustand der Kasse.

Die Directoren haben ihre Einsicht schon dadurch
an den Tag gelegt, daß sie die Pflege ihres Instituts
dem verdienstvollen Kapellmeister F. D. Weber als
Director übertrugen, der sich durch rastlose Thätigkeit
zur Emporbringung dieser Lehranstalt ein bleibendes
Denkmal in der Kunstgeschichte Böhmens gegründet hat.

Da der Hauptzweck dieses Institutes ist, tüch-
tige Instrumentalmusiker zu bilden, so ist auch dahin
das erste Augenmerk gerichtet. Auf allen zu einem
vollständigen Orchester erforderlichen Instrumenten wird
von eigenen Lehrern Unterricht ertheilt; im Gesang
erhalten die Instrumentalschüler denjenigen Unterricht,
der zur allgemeinen musikalischen Bildung und insbesondere zur Composition nothwendig ist; doch ist seit
einigen Jahren eine eigene Klasse für Sänger und
Sängerinnen eröffnet, und seit einem Jahre ein Lehrer
für die Harfe angestellt worden. Nebst diesem wird allen
Zöglingen die Theorie der Musik in ihrem ganzen Umfange vorgetragen, so daß man mit Sicherheit darauf
rechnen kann, jeder mit einigen Anlagen begabte Knabe
werde als brauchbares Orchestermitglied heraustreten,
das musikalische Genie aber die nöthige Unterstützung
finden, um als selbstständiger Virtuose aus dieser Kunstschule hervorzugehen.

Das System, nach welchem hier Jünglinge zu Künstlern gebildet werden, beruht auf einer wohlberechneten Stufenfolge vom Leichtern zum Schwerern, und auf der ungetrennten Verbindung der theoretischen Kenntnisse mit der praktischen Fertigkeit. Von beiden müssen die Zöglinge in zwei öffentlichen Prüfungen (im April und September) Proben ablegen; jeder Einzelne muß die Aufgabe lösen, sein Instrument ohne Begleitung hören zu lassen, bis sich endlich alle diese jugendlichen Kunststrebungen zum Vortrag einer Orchestermusik vereinen.

Die Theorie der Musik (in welchem Gegenstande sich die Kräfte und Talente am sichtbarsten theilen) trägt Director Weber selbst vor; wer einer Prüfung beiwohnt, kann kaum begreifen, wie er im Stande ist, diese abstracte Lehre selbst den kleinsten Knaben, die oft kaum der deutschen Sprache mächtig sind, beizubringen, und es ist selbst für die Uneingeweihten eine große Freude, hier die Kunst in ihren einfachsten Elementen dargestellt zu finden, aus welchen sich nach und nach die Harmonielehre in ihrem ganzen Umfange entwickelt. (Um den Director, welcher nicht nur den Unterricht, sondern auch die innere Verwaltung leitet, in Krankheitsfällen zu vertreten, und denselben in häuslichen Geschäften zu unterstützen, ist ihm ein Adjunct beigegeben.) Weniger in Verbindung mit der Kunst selbst, um so mehr aber mit der, dem Künstler un-

entbehrlichen, Geistesbildung stehen die übrigen wissen=
schaftlichen Gegenstände; denn da es Grundsatz des
Instituts ist, den Jüngling nicht nur als ausübenden
Künstler, sondern auch als Menschen auszubilden, so
sind hier auch Religionslehre, Logik, Geschichte, Geo=
graphie, Naturlehre, Mathematik, deutsche und italiä=
nische Sprache und Styl, Prosodie, Poetik, Aestetik
und Mythologie (von eigenen Lehrern vorgetragen) mit
dem Studium der Musik vereinigt.

Jedes Mitglied des Vereins hat das Recht,
Schüler, mit den ersten musikalischen und andern
nöthigen Vorkenntnissen ausgerüstet, zur Aufnahme
vorzuschlagen, und alle drei Jahre werden deren neun
und dreißig aufgenommen, nämlich dreizehn für die
Violin und Viola, drei für das Violoncell, drei für
den Contrebaß und vier für jedes Blasinstrument.
Die Trompete und Posaune lernen die stärksten unter
jenen, welche sich den Saiteninstrumenten gewidmet
haben, beiher. Nach drei Jahren treten diese Schüler
in die zweite Classe, und eine neue Aufnahme von
neun und dreißig nimmt ihren Platz ein. Diese zweite
Classe, welche nun schon ziemlich weit vorgerückt ist,
erhält von Jahr zu Jahr weniger Unterrichtsstunden
von den Lehrern der Instrumente, dagegen werden sie
mehrmals in der Woche im Uebungssaale versammelt
und im Vortrage großer Instrumentalstücke und Con=

certanten geübt. Nach vollendetem Curs von sechs
Jahren werden diejenigen, welche sich die Zufriedenheit
ihrer Lehrer erworben haben, mit Zeugnissen der Direction, als Zöglinge des Conservatoriums entlassen;
die Vernachlässigten aber müssen, nach Maßgabe ihrer
Mängel, ein oder zwei Jahre, auch oft den halben
Curs wiederholen, und die ihnen fehlenden Gegenstände
nachtragen, ehe sie ein Zeugniß erhalten können.

Die Zahl der Jünglinge ist eigentlich, dem Plane
nach, auf acht und siebenzig Instrumentisten, zwölf
Sänger und zwölf Sängerinnen bestimmt; doch geschieht
es nicht selten, daß eine Aufnahme statt aus neun und
dreißig, aus etlichen und fünfzig Knaben besteht, welche
erst nach und nach durch Entlassung der Schwächsten und
Talentarmen auf die bestimmte Zahl herabgebracht wird.

Für die Jugend des Militärs findet sich hier ein
eigenes Erziehungshaus, in welchem die Knaben außer den Erfordernissen des Standes, für welchen
sie gebildet werden, Exercitien, Fechten, Schwimmen
u. s. w., in der Religion, im Lesen, Schreiben, Rechnen
und in den übrigen nöthigen Kenntnissen Unterricht
erhalten. Hat der Jüngling die Jahre der Dienstfähigkeit
erreicht und sich durch Fleiß und Fortschritte fähig bewiesen, so tritt er in das Regiment als Unteroffizier ein.

Auch die Schwimmschule, welche im Jahre
1811 durch den Hauptmann von Pfuel hier ein-

gerichtet wurde, ist ein militärisches Institut, doch nehmen auch Civilpersonen gegen ein bestimmtes Lehr= geld an dem Unterrichte Theil.

Das Waisenhaus zu St. Johann dem Täufer, von einem edelgesinnten Verein humaner Böhmen theils aus eigenen Mitteln, theils durch Sammlungen gestiftet und von der Kaiserin Maria Theresia mit zwei Häusern und bedeutenden Fun= dationen beschenkt, gehört unter die wohlthätigsten Lehr= anstalten Prags, und nimmt jährlich so viele eltern= lose Kinder auf, als ihm Raum und Einkünfte gestatten.

Das italiänische Waisenhaus wurde von den zahlreichen italiänischen Kaufleuten, die sich in Prag ansäßig machten, 1617 als ein Findlingshaus gestiftet, und erst nach der Errichtung des Gebärhauses in ein Erziehungsinstitut für elternlose Kinder verwandelt, welches größtentheils durch milde Gaben erhalten wird.

Das Taubstummen=Institut, gleich= falls von einer Gesellschaft Menschenfreunde gestiftet, hat es durch sein wohlthätiges Wirken dahin gebracht, die von der Natur so stiefmütterlich bedachten Kinder in den gemeinnützigsten Kenntnissen und Handarbeiten zu unterrichten, und ihnen sogar eine nothdürftige Sprache zu verschaffen, so daß schon viele derselben brauchbare Staatsbürger geworden sind.

Das Blinden=Institut, worin sowohl

jährlich Augenoperationen vorgenommen, als die un=
heilbar blinden Kinder erzogen und unterrichtet werden,
verdankt der menschenfreundlichen Sorgfalt des Kreis=
hauptmanns, Ritter von Platzer, sein Entstehen
und Gedeihen.

Wohlthätige und gemeinnützige Anstalten.

Das k. k. Kranken=, Irren= und Ge=
bärhaus sind sehr wohl eingerichtete landesherrliche
Institute, in welchen die Kranken nach drei verschie=
denen Klassen mit allem Nöthigen verpflegt, Arme,
die sich mit Zeugnissen ausweisen, auch unentgeldlich
in die dritte Klasse aufgenommen werden. Das Kran=
kenhaus, in welchem sich auch die medizinische und
chirurgische Klinik befindet, enthält in mehreren Sälen
und Zimmern ungefähr 300 Betten; die Kranken wer=
den nach dem Geschlechte abgesondert, und über dem
Bette eines jeden ist auf einer schwarzen Tafel sein
Name, Alter, Tag des Eintritts und der Krankheit
nebst den Speiseportionen verzeichnet, die ihm von den
Aerzten gestattet ist, welche Vormittag und Nachmit=
tag ihren Besuch machen. In den drei Jahren 1826
bis 1828 wurden hier 7272 Personen aufgenommen
(darunter aber 89 todt); davon genasen 5595, starben
1236, 189 wurden in andere Versorgungsanstalten

übersetzt, 16 entwichen und 236 blieben noch in der Behandlung. Es wurden demnach im dreijährigen Durchschnitte jährlich behandelt 2424 Kranke; zieht man die 89 todt Eingebrachten ab, so starben von **100** Kranken 15 bis 16. Mit Einschluß der in andere Versorgungsanstalten Uebersetzten wurden von **100** geheilt entlassen 80 bis 81. Es ist aber wohl zu bemerken, daß ein großer Theil der Kranken Lungen = und Wassersüchtige sind, und viele beinahe sterbend eingebracht werden, sonst würde das Verhältniß der Geheilten noch viel günstiger ausfallen. Die klinischen Anstalten in dem allgemeinen Krankenhause zerfallen in vier Abtheilungen: **1.** Die Klinik innerlicher Krankheiten für Mediziner; **2.** Die Klinik innerlicher Krankheiten für Chirurgen; **3.** die chirurgische Klinik; **4.** die Augenklinik. Sämmtliche Professoren der Klinik (nur die Augenklinik macht hiervon eine Ausnahme) sind zugleich Spitalärzte, und haben eine Abtheilung des allgemeinen Krankenhauses unter ihrer Leitung. Durch diese Einrichtung wird der große Vortheil erzweckt, daß gleichsam das ganze Krankenhaus als Klinik dient, indem der Professor alle belehrenden Fälle desselben für seine Schüler dadurch benützen kann, daß er die Schüler in die Abtheilungen führt, ihnen die Krankheiten zeigt, die Behandlungsweise angibt, oder, wie es bei Professor K r o m b h o l z wirklich der Fall ist, sie ihnen

zur Beobachtung und Behandlung, wie auf der Kli=
nik, anvertraut. Da man für die Kliniken des be=
schränkten Raumes wegen größtentheils acute Fälle
auswählen muß, so bleibt für chronische Krankheiten
nur wenig Platz; durch die ebenerwähnte Einrichtung
aber wird dieser Uebelstand auf das Glücklichste beseti=
tigt. Dadurch wird auch erklärlich, warum die klini=
schen Anstalten Prags bei Weitem mehr leisten kön=
nen, als klinische Anstalten anderer Städte bei übrigens
gleicher Volksmenge mit Prag, wo aber diese Einrich=
tungen nicht bestehen. Zur Aushülfe wegen des un=
zulänglichen Raumes in dem dicht an das Krankenhaus
stoßenden Irrenhause wurde das nahgelegene aufgeho=
bene Katharinenkloster zur Aufnahme von Irren
eingerichtet. Diese Irrenanstalt enthält 29 größere und
kleinere Zimmer, von den größern verdienen einige
wirkliche Säle genannt zu werden; überdieß sind im
Irrenhause bei dem allgemeinen Krankenhause noch 34
abgesonderte Zellen nebst zwei geräumigen Zimmern,
und am Karlshof auch einige Zimmer, welche zur
Irrenanstalt gehören. Im Ganzen sind 260 Bett=
stätten vorhanden. Vom Jahre 1826 bis Ende Juni
1829 befanden sich in dieser Anstalt 610 Kranke, da=
von wurden geheilt 149; gestorben sind 69. Es wur=
den somit von 100 Kranken geheilt ungefähr 29; ge=
storben sind von 100 — 13. Im Jahre 1828 wur=

den 106 Geisteskranke aufgenommen, von denen meh=
rere in so schlechtem Zustande in die Anstalt kamen,
daß sie entweder bald starben, oder gar keinen
Heilungsversuch zuließen. Im Ganzen starben 24;
geheilt wurden entlassen 58; gegen Revers und in an=
dere Versorgungsanstalten wurden übergeben 19; es
wurden somit geheilt von 100 Kranken 54. Im Juli
1829 befanden sich 247 Geisteskranke (159 Männer
und 88 Weiber) in der Behandlung. — In dem
Gebärhause, welches in den Jahren 1824 und
1825 neu gebaut, erweitert und sehr zweckmäßig ein=
garichtet wurde, finden zu gleicher Zeit 127 Schwan=
gere bequeme Unterkunft, nebst 141 Betten für Kinder.
Nebstdem in zwei Zimmern sechs Betten für Schüler
und neunzehn für Schülerinnen, welche hier des klini=
schen Unterrichts wegen einige Zeit wohnen. Die Zahl
der Geburten in dieser Anstalt, welche zugleich als
practische Schule dient, gibt im achtjährigen Durch=
schnitte etwa 983 Geburten in einem Jahre; aber
jedes der Jahre 1826 und 1827 lieferte 1125 Geburten.
Es brauchen hier die Zahlenden der ersten und zweiten
Classe nicht einmal ihren Namen zu nennen, sondern
schreiben selben auf einen versiegelten Zettel, der nur
im Todesfalle eröffnet, im Gegenfalle aber bei ihrem
Austritt zurückgestellt wird, und sie können, sobald sie
sich dazu stark genug fühlen, die Anstalt wieder ver=

laſſen. Die Kranken der erſten Claſſe können ſogar mit einer Larve eintreten und werden von der Bedie= nung nur dann in ihrem Zimmer beſucht, wenn durch eine Klingel das Zeichen gegeben wird. Für das neuge= borne Kind, deſſen Pflege das Inſtitut über ſich nimmt, wird gleichfalls eine ſehr mäßige Summe bezahlt.

Das allgemeine Siechenhaus iſt zur Aufnahme von Armen beſtimmt, die an unheilbaren Krankheiten leiden, Lahme, Blinde, Taube u. ſ. w., wenn ſie nachweiſen können, daß ſie ſich früher durch zehn Jahre in Prag redlich genährt haben. In dieſem Gebäude befindet ſich zugleich das Curhaus für die unglücklichſten der weiblichen Kranken. Die ärztliche Pflege wurde ſonſt von dem Primärwundarzte des all= gemeinen Krankenhauſes geleitet, im Jahre 1829 aber wurde eine eigene Stelle für einen Primärarzt, der beiden Inſtituten hier vorſtehen ſoll, gegründet.

Das k. k. Militärſpital liegt dem allge= meinen Krankenhauſe gegenüber, in dem Gebäude des ehemaligen Jeſuitencollegiums zu St. Ignaz, und iſt den Kranken der hieſigen Garniſon gewidmet, mit Ausnahme des Artillerieregiments, welches ſein eigenes Spital auf dem Hradſchin hat.

Das Hoſpital der barmherzigen Brüder (nebſt einer Irrenanſtalt, die Anfangs nur für Geiſtliche beſtimmt war, dann aber eine weitere

Ausdehnung erhielt) deren Krankenpflege als vorzüglich
sorgsam angerühmt wird, enthält 120 Betten, und wird,
da seine anfänglichen Stiftungs = Capitalien durch die
Zeitverhältnisse sehr geschmolzen sind, größtentheils durch
milde Gaben erhalten. Der erste Beschützer dieses Instituts war der vormaligen Obristburggraf in Böhmen, Graf
von Kolowrat, und nach ihm das Gesellschaftstheater
des k. geheimen Raths Graf von Clam = Gallas,
dem das Institut seit dem Jahre 1815 bedeutende
jährliche Unterstützungen verdankt. Das Kloster hat
seine eigene Apotheke und einen kleinen botanischen Garten
zum Anbau officineller Pflanzen. In dieses Institut,
welches seine gegenwärtige zweckmäßige Einrichtung
fast ganz dem Dr. J. Th. Held verdankt, wurden
vom Jahre 1801 bis einschlüssig 1822 33,766 Kranke
ohne Unterschied der Nation und des Glaubens mit
gleicher Liebe und Sorgfalt verpflegt; davon genasen
29,052; gestorben sind 4,717; daher sind im Durchschnitte von 100 genesen 86 bis 87, gestorben 13 bis 14.

Das Kloster und Hospital der Elisabethinerinnen wurde von der Gräfin von Schön-
kirch gegründet, und von vielen frommen Gebern mild-
reich beschenkt; aber auch das Vermögen dieser wohlthätigen Schwestern, die sich mit großer Sorgfalt der
Pflege weiblicher Kranken widmen, hat abgenommen;
gleich den barmherzigen Brüdern, müssen sie die Groß-

muth der Bewohner Prags in Anspruch nehmen, und zählen ebenfalls den dramatischen Verein im Hause des Grafen von Clam=Gallas unter ihre ersten Wohlthäter.

Seit dem Jahre 1819 bis einschlüssig 1828 wurden in dieser Anstalt 7387 Kranke behandelt, jährlich also 738 bis 739. Nimmt man aber einen Durch=schnitt von den Jahren 1826, 1827 und 1828, so wurden in diesen letzten drei Jahren jährlich behandelt 893 bis 894. Von der ganzen Summe 7387 wurden geheilt entlassen 6443, gestorben sind 896, in der Be=handlung verblieben 48.

Auch die Israeliten haben (obschon viele in dem Kloster der barmherzigen Brüder eine Zuflucht finden) ein eigenes Hospital in der Judenstadt und eben daselbst ein Spital=Armenhaus, zur Erhaltung erwerbsunfähi=ger Israeliten bestimmt.

Die Privatgesellschaft zur Rettung scheintodter, oder in plötzliche Lebens=gefahr gerathener Menschen hat in jedem Stadttheil eigene Bezirke mit Rettungsorten angewiesen, wohin die Verunglückten gebracht werden können, um augenblickliche ärztliche Hilfe zu erhalten.

Zur Erhaltung der ganz hilflosen Armen in Prag verdanken auch die hilflosen Greise dem edlen Sinn des k. k. Staats= und Conferenzministers Grafen von

Kolowrat die Errichtung des neuen Armenhauses zu St. Bartholomäi, in welches so viele alte, zur Arbeit ganz unfähige Männer und Weiber (vorzüglich verarmte Bürger Prags) als der Raum des Gebäudes faßt, aufgenommen und nicht nur mit Wohnung, sondern auch mit Kost und Kleidung versehen werden.

Der Privatverein zur Unterstützung der Hausarmen, dessen Vorsteher Fürst K. A. von Taxis ist, hat seine Sorge der Linderung des Elendes verschämter Dürftigen geweiht, und gründete sein wohlthätiges Wirken auf Sammlungen und zwei jährliche Concerte, deren Beträge auf Decken, Holz und Geldgeschenke an verarmte Bürger, Wittwen und Waisen, ferner zur Kleidung armer Schulkinder verwendet werden. Einen neuen Zuwachs seiner disponiblen Einkünfte hat der Verein erhalten, indem die Energie unsers verehrten Landeschefs ein lästiges Ceremoniel in einen Act der Wohlthätigkeit verwandelte. Er hat nämlich im Einverständniß mit den übrigen Landesbehörden auf alle ämtliche und freundschaftliche Neujahrs-Besuche und Glückwünsche Verzicht gethan, und auch hier die sogenannten Entschuldigungs-karten eingeführt, die schon in mehreren kleineren Städten des Kaiserthums seit längerer Zeit bestehen. Die Lösung einer solchen (deren Preis, der allgemeinen

Verbreitung willen sehr billig angeschlagen ist) befreit von allen Neujahrs-Gratulationen, und die Einnahme derselben ist dem obigen Verein zugewiesen. Dadurch hat der Neujahrstag an Saus und Braus verloren, die Kutschen rollen nicht häufiger durch die Straßen, als an einem andern Tage, die Fußgänger eilen nicht so festlich geschmückt von einem Hause zum andern, dagegen steigen die Gebete getrösteter Dürftigen als ein gefälliges Opfer zum Himmel hinauf, während die höheren Stände dem Stifter die Befreiung von einem alterthümlichen Zwange verdanken. Die Namen aller Personen, welche Entschuldigungskarten lösen, werden in eigenen Beilagen der Prager Zeitung bekannt gemacht, und ihre Zahl betrug bereits im ersten Jahre über 5000.

Der Frauenverein zur Unterstützung weiblicher Kunstfertigkeit, unter dem Vorsitze J. D. der Fürstin Sidonia von Lobkowitz 1813 gegründet, dessen Zweck es ist, wahren und bescheidenen weiblichen Armen aller Stände und Classen Unterstützung zu gewähren, indem er ihnen Gelegenheit gibt, ihre Handarbeiten zu verkaufen, hat sich ein neues Verdienst durch Gründung einer Erziehungsanstalt für arme Waisenmädchen erworben.

Die freiwillige Arbeitsanstalt, welche durch einen wohlthätigen Verein am vorletzten allerhöchsten Namensfeste Sr. Majestät unsers verehrten Landesvaters begründet wurde; ihr doppelter Zweck ist: 1. Die möglichst größte Anzahl von Arbeitsverlegern in der Hauptstadt aufzufinden, an welche erwerbsfähige Arme zur Arbeit angewiesen werden können, und 2. in einem eigenen Locale eine freiwillige Arbeitsanstalt, eine Unternehmung zu gründen, worin eine angemessene Zahl von Armen Arbeit und Verdienst finden soll. Der Erfolg dieses Strebens scheint sehr erwünscht zu seyn, da das dem Verein von der Regierung bewilligte große Locale die Menge der Arbeiter nicht mehr zu fassen vermag, und derselbe durch öffentliche Anzeigen noch Wohnungen zu diesem Behufe sucht.

Die neueste, aber gewiß eine der wichtigsten Anstalten zum Wohl der leidenden Menschheit ist die Armenversorgungs-Anstalt zur Aufhebung der Haus- und Straßenbettelei, welche nebst so vielem andern Guten und Schönen ihr Entstehen Sr. Excellenz dem Herrn Oberstburggrafen von Chotek verdankt, und einen neuen Beweis der väterlichen Sorgfalt gibt, womit dieser ächte Stellvertreter des Landesvaters für die Unterstützung der ärmsten Volksklassen wirkt. Das Bestreben des wohlthätigen Vereins, welcher die meisten Großen des Reiches unter seine Mitglieder zählt, ist, die Müssiggänger von den erwerbfähigen Armen, die Bettler von den

durch Alter und Krankheit gebrechlichen Hausarmen
auszuscheiden; zu dem Ende werden in jedem Pfarr=
bezirke mehrere Armenväter unentgeldlich angestellt,
welche das Geschäft der Ausscheidung gewissenhaft be=
sorgen müssen; die Müssiggänger werden den Zwangs=
arbeitsanstalten, die erwerbsfähigen Armen den frei=
willigen Arbeitsanstalten zugewiesen; die verschämten
erwerbsunfähigen Armen erhalten die Unterstützung
auf die Hand. Diesen Zweck vollständig zu erreichen,
wird ein hinreichender Fond alljährlich auf Subscrip=
tion für Prag eingeleitet. Es werden zu diesem Ende
Subscriptionstabellen jedem Hausbesitzer für sich und
seine Wohnpartheien mitgetheilt, in welchen sich der
Geber zu einen Beitrag bekennet. Viele Bewohner
Prags (die sonst jede wohlthätige Einrichtung so reich=
lich zu unterstützen pflegen, daß wenige Städte außer
England eine so große Zahl derselben aufzuweisen haben,
welche bloß durch Mildthätigkeit der Staatsbürger be=
stehen), schienen im ersten Jahre nicht vollständig in
den Zweck dieser Anstalt einzugehen, und manche,
welche die ganze Woche hindurch von Bettlern bestürmt,
im Laufe des Jahres bedeutende Summen an dieselben
vertheilten, unterzeichneten bei der ersten Sammlung
der Armenväter zu dieser Versorgungsanstalt nur wenige
Gulden; ja selbst wohlhabende Bürger entzogen sich
unter mancherlei Vorwänden der Mitwirkung ganz.

Andere, und besonders der gesammte Handelsstand zoll=
ten reichliche Beiträge, obschon die Zeitverhältnisse für
den letztern nicht eben die günstigsten sind. Nachdem
man sich von der Zweckmäßigkeit dieses Instituts durch
die beinahe ganz verschwundene Straßenbettelei über=
zeugt hat, steht zu erwarten, daß die Subscriptionen
sich von Jahr zu Jahre erhöhen werden. Wollte jeder
reiche und wohlhabende Bürger nur die Hälfte von
dem, was ihn sonst die Bettler kosteten, hier zur regel=
mäßigen Vertheilung beitragen, so würden durch diese
Summe gewiß die wahren Bedürfnisse der sämmt=
lichen Armen vollkommen gedeckt seyn; denn es unter=
liegt keinem Zweifel, daß hier, wie überall, freche und
zudringliche Bettler täglich mehrere Gulden sammelten,
und nachdem sie den Tag über die Schwachen, Hin=
fälligen, Blinden und Lahmen gespielt, des Abends in
ihren Herbergen ziemlich locker schmausten, während
verschämte, wahre Dürftige die bitterste Noth litten.

Außer der mit dem Taubstummen=Institute ver=
bundenen Waisen = Versorgungskasse, welche
1793 errichtet wurde, bestehen hier noch folgende An=
stalten zum Besten verarmter Greise, oder Wittwen
und Waisen: Die Privatgesellschaften der
juridischen und medizinischen Fakul=
täten zur bessern Unterhaltung ihrer
Wittwen und Waisen.

Das Wittwen= und Waisen=Institut des Prager Handelstandes. Dann der Wirthschafts= und Forstbeamten — für alte Bediente und deren Wittwen.

Die allgemeine Versorgungsanstalt für ohne Verschulden verunglückte Männer, ihre Wittwen und Waisen.

Die Wittwen= und Waisen=Versorgungsanstalt für gewerbführende Bürger Prags.

Die Tonkünstler=Wittwen und Waisen=Versorgungsanstalt.

Das Pensions=Institut für Schauspieler des ständischen Theaters zu Prag.

Die Humanitätsanstalt für Badeanstalten der Studirenden und armen Kranken. — Die neu gegründete allgemeine Versorgungs=Anstalt für Greise, ohne ihr Verschulden gewerbsunfähige Männer, Wittwen und Waisen. — Die böhmische Sparkassa, welche ihre Entstehung einer Aufforderung des hiesigen Stadthauptmanns J. Ritter von Hoch im Jahre 1823 verdankt. Menschenfreunde aus allen Klassen, unter welchen der Name Sr. kaiserl. Hoheit des Erzherzog Karl glänzt, vereinigten sich, den ersten Fond zusammenzuschießen. Auch seine Majestät, unser geliebter Monarch, zeigte

dem Institut den allerhöchsten Beifall durch ein Huld=
geschenk von 2000 fl., der Oberstburggraf in Böhmen
wurde zum Oberkurator ernannt, Directoren und ein
Ausschuß wurden erwählt, welche jährlich zweimal
Rechnung legen, und durch uneigennütziges Streben
und zweckmäßige Geschäftsleitung, hatte sich das Ver=
mögen, welches die böhmische Sparkassa verwahrt, das
am Schlusse von 1825 130,385 fl. C. M. ausmachte,
im Jahre 1829 schon über 900,000 fl. erhöht.

Die böhmische wechselseitige Brand=
schaden=Versicherung erfreut sich ebenfalls eines
raschen Fortschreitens, wozu wohl die Billigkeit ihrer Be=
dingungen viel beitragen mag; die Summe des Versiche=
rungswerthes, die sich im October 1828 auf 13,244,000 fl.
belief, hat sich bis zum 15. Juni 1829 schon auf 26,790,850 fl.
vermehrt, und man rechnete mit Zuversicht darauf, daß
er sich bis zum Schlusse des Jahres wenigstens auf
30 Millionen erhöhen würde. Für 43 Brandschäden,
welche vom October bis März der General=Direction
der Brandschaden=Versicherung angezeigt wurden, zahlte
sie 22,208 fl. 43 kr. Entschädigung, was nicht einmal
ein Viertel Percent von dem versicherten Gesammt=
kapitale ausmacht.

Wegweiser für Reisende.

(Alphabetisch eingerichtet.)

Aemter und Stellen (k. k. ständische und städtische).

Das k. k. Landesgubernium (Kleinseite, wälscher Platz und untere Pfarrgasse Nr. 1).

Das Appellations = und Criminal=Obergericht und beutsche Lehnshauptmann_schaft im Königreiche Böhmen (Kleinseitner Ring Nr. 2).

Das Bücherrevisionsamt (im Hauptzoll=amtsgebäude, Neustadt, Hibernerplatz Nr. 1037).

Die Commerz = und Fabriksinspection (Altstadt am Brückel Nr. 384).

Die Erbsteuer = Hof = Commission (im ständischen Landhause, Kleinseite, Pfarrplatz Nr. 176).

Das Fiscal=Amt im Königreiche Böh=men (Kleinseitner Ring Nr. 35).

Das k. böhmische General=Commando, bie militärischen Kanzleien, nebst der Woh=nung des commandirenden Generals in Böhmen (Altstadt, Zeltnergasse Nr. 587).

Das Prager Hofbauamt (Hradschin, in der k. k. Burg Nr. 1).

Das Kameralzahlamt (Kleinseitner Ring Nr. 2).

Das Berauner Kreisamt (Kleinseite, Heu=
wagsgasse Nr. 123).

Das Kaurzimer Kreisamt (Altstadt, am
Graben Nr. 584).

Der k. ständische Landesausschuß und
die ständischen Aemter (Kleinseite, Pfarrplatz
Nr. 176).

Die Landesbaudirection (Kleinseite, Kar=
melitergasse Nr. 373).

Die Landrechte (Kleinseitner Ring im königl.
Landhause Nr. 2).

Das böhmische Obrist=Hof=Lehnrichter=
amt (Kleinseitner Ring Nr. 35).

Die Cameral=Lottogefälls=Admini=
stration (Altstadt, Ziegenplatz Nr. 748).

Der Magistrat von Prag (Altstädter Platz,
Rathhaus Nr. 1).

Die Militär=Montours=Oekonomie=
Commission (Kleinseite, Bruskagasse Nr. 132).

Das Pfand= und Leihamt (Kleinseite,
wälscher Platz Nr. 200; künftig: Altstadt Nr. 620).

Das Ober=Postamt und Haupt=Post=
wagens=Expedition (Kleinseite Nr. 388 und Neu=
stadt Nr. 1037).

Das Salz=Oberamt (Altstadt, Ueberfuhrgasse
Nr. 831).

Die Staatsbuchhaltung (Kleinseitner Ring Nr. 2).

Die Staatsgüter-Administration (Altstadt, Zeltnergasse Nr. 586).

Das Stadt- und Festungs-Commando (Neustadt, Neue Allee Nr. 117).

Die Stadt-Hauptmannschaft und Polizei-Direction (Altstadt, Stephansplatz Nr. 314).

Das städtische und weinbergämtliche Steueramt (Altstadt, Theinhof Nr. 639).

Die israelitische Steuergefälls-Direction (Altstadt, Geistgasse).

Die Straßenbau-Direction (im Lotto-Gefällgebäude, Altstadt, Ziegenplatz Nr. 748).

Die ständische Theater-Aufsichts-Commission im ständischen Landhause, Kleinseite, Pfarrplatz Nr. 176).

Die Tabak- und Stempelgefällen-Administration nebst der controllirenden Kameral-Rechnungskanzlei (Neustadt, Heinrichsgasse Nr. 909).

Das Landes-Unterkammeramt der königl. Freistädte (Altstadt, Annaplatz Nr. 211).

Das Wechsel- und Mercantilgericht (im Rathhause, Altstädter Platz Nr. 1).

Die ständische Weinaufschlags-Administration (im ständischen Landhause, Kleinseite, Pfarrplatz Nr. 176).

Das Weinbergamt (Altstadt, Egydsgasse Nr. 446).

Die Zollgefällen-Administration und das Hauptzollamt (Neustadt, Hibernerplatz Nr. 1037).

Die Zollgefällen-, Wiener Währungs- und Filial-Verwechslungs-Casse der k. k. privilegirten österreichischen National- bank (im Gubernialgebäude, Kleinseite, wälscher Platz Nr. 1).

Anstalten (Lehr- und Bildungs-).

Die k. k. Karl-Ferdinands-Universität (Altstadt, Galliplatz Nr. 541).

Die Hörsäle der philosophischen Fa- kultät im Collegium Clementinum (Altstadt, Marienplatz Nr. 190).

Die Gymnasien zu Prag: a. Altstädter (im Collegium Clementinum). b. Kleinseitner (Carmeliter- gasse Nr. 377). c. Neustädter (im Collegium der Priester der frommen Schulen, Neustadt, am Graben Nr. 892).

Das erzbischöfliche Alumnat zur Bildung der Weltpriester (im Collegium Clementinum).

Das Wendische Seminarium (Kleinseite Nr. 90).

Das böhmisch-ständische polytechnische Institut (Director Herr Ritter von Gerstner, k. k. Gubernialrath und Wasserbaudirector) Altstadt, Dominikanergasse Nr. 240.

Die Akademie der zeichnenden Künste im Collegium Clementinum.

Das Conservatorium der Musik (Director Herr F. D. Weber), Altstadt, Jesuitengasse Nr. 234. Die Uebungssäle auf der Neustadt, Heuwageplatz Nr. 1002.

Das Waisenhaus zu St. Johann dem Täufer (Institutsverwalter Herr J. Meißner), Neustadt, Bredauergasse Nr. 936.

Das italiänische Waisen-Institut, (Director Herr D. Tegazzini), Kleinseite, wälscher Spitalplatz Nr. 335.

Das Privat-Taubstummen-Institut (Oberdirector Herr J. Herget, k. k. Gubernialrath), Neustadt, Lindengasse Nr. 478 — 479.

Das Privat-Institut für blinde Kinder und Augenkranke (Vorsteher der k. k. Gubernial-Vice-Präsident Herr Ritter von Prohazka), Hradschin, Rathhausgasse Nr. 178.

Das Kloster und die Erziehungs-Anstalt der Ursulinerinnen (Neustadt, Neue Allee Nr. 139); und der Englischen Fräulein (Kleinseite, Josephsgasse Nr. 43).

Anstalten (gemeinnützige und wohlthätige).

Das k. k. Kranken- und Irrenhaus (Neustadt, Viehmarkt Nr. 499).

Das Gebärhaus (Neustadt, auf dem Winb=
berge Nr. 447).

Das Kurhaus (Neustadt am Karlshofe Nr. 453).

Das Siechenhaus (ebendaselbst).

Das k. k. Militär=Krankenhaus (Neu=
stadt, Viehmarkt, an der St. Ignaz=Kirche Nr. 504).

Das Artillerie=Spital (Hradschin, Loreto=
platz Nr. 108).

Das Hospital der barmherzigen Brü=
der (Altstadt, Barmherzigengasse Nr. 847).

Das Hospital der Elisabethinerinnen
(Neustadt, Sluppergasse Nr. 448).

Das Armen=Hospital der Kreuzherren
mit dem rothen Stern (Altstadt, Brückenplatz
Nr. 191).

Der Frauenverein zur Unterstützung
weiblicher Kunstfertigkeit, mit einer Erziehungs=
anstalt für Waisenmädchen vereinigt (Hradschin Nr. 107).
Niederlage der Arbeiten bei Herrn J. Kühnel (Altstadt,
Schwefelgasse Nr. 462).

Das neue Armenhaus zu St. Bartho=
lomäus (Neustadt, Podskal Nr. 427).

Rettungshaus für Scheintodte und
plötzlich in Lebensgefahr gerathene Men=
schen (Altstadt, am Moldauufer Nr. 335).

Anstalten= (Straf= und Besserungs=).

Das Strafhaus zu St. Wenzel (Neustadt auf dem Zbaras).

Das Zucht= und Spinnhaus (Altstadt, Tummelplatz Nr. 80).

Das Provinzialstrafhaus am Neu=städter Rathhaus (Viehmarkt Nr. 1).

Das Arbeitshaus (Kleinseite, Alt=Zeughaus=platz Nr. 111).

Bäder (öffentliche, warme).

Auf der Färberinsel.

Das neue Badhaus (der Färberinsel gegen=über am rechten Moldauufer in der Gärbergasse Nr. 228).

Das St. Wenzel=Badhaus (Neustadt, Podskal Nr. 340).

Das neuerbaute Badehaus im Pstroßi=schen Garten nächst dem Roßthore. Die Quelle, aus welcher die Bäder ihr Wasser erhalten, ist vor einigen Jahren gefaßt, und von Professor Pleischl chemisch untersucht worden. Um den Nutzen der Bäder vielseitiger zu machen, sind auch Douche=Vorrichtungen gemacht wor=ben; die Bade= sowohl als die Rastzimmer und Gänge werden durch Luftheizung mäßig erwärmt, mittelst welcher auch die Badewäsche gewärmt wird, und die Preise aller dieser Gegenstände sind im Badehause auf einer Tafel verzeichnet. Auch für diejenigen, welche das Wasser trinken wollen, und dessen Kälte nicht vertragen können, wird dasselbe in einem verschlossenen Apparate erwärmt. Im Badehause und einem anstoßenden Gebäude sind Wohnungen für Kurgäste zu bekommen, und ein drittes Haus sammt dem Garten ist einer Traiteuranstalt gewidmet.

Buchhandlungen.

A. Borrosch (Altstadt, großer Ring Nr. 460).

J. G. Calve (Altstadt, kleiner Ring Nr. 458).

J. Dirnböck (Altstadt, Jesuitengasse Nr. 186).

J. Eggenberger (Altstadt, großer Ring Nr. 549).

C. W. Enders (Altstadt, Jesuiten=Gasse Nr. 147).

J. Kraus (Kleinseite, Badgasse Nr. 285).

Kronberger und Weber (Altstadt, kleiner Ring Nr. 144).

C. von Mayregg (ebendaselbst, Jesuitengasse Nr. 188).

M. Neureuter (ebendaselbst Nr. 183).

C. Widtmann (Kleinseite, Brückengasse Nr. 46).

Fiacre's (Standplätze der numerirten).

Altstadt. Am großen Ringe auf vier Stellen — Langegasse — Zeltnergasse an zwei Stellen — Rittergasse —

Martinsgasse — Bergstein — Bethlehemsplatz — Stephansplatz — Kreuzherrnplatz — Marienplatz — kleiner Ring.

Neustadt. Am Maria-Schnee-Platze — Nächst
der Ursulinerkirche — Am Viehmarkt — Wassergasse auf
zwei Stellen — Stephansgasse — Heinrichsgasse — Pflastergasse — Brentegasse.

Kleinseite. Am Kleinseitner Ringe — Wald-
stein'scher Platz — Spornergasse — Karmelitergasse — Zweiter Maltheserplatz — Kohlenplatz.

Seit dem 19. April fährt von Viertelstunde zu
Viertelstunde ein Gesellschaftswagen zwischen der Altstadt
und Kleinseite hin und her. Aehnliche Wagen können
auch im Sommer zu Landparthien für größere Gesellschaften
benutzt werden.

Gasthöfe (die vorzüglichern).

Altstadt: Das Rothe Haus (Jesuitengasse
Nr. 147).

Der Goldene Engel (Zeltnergasse Nr. 588).
Neustadt: Das Schwarze Roß (Graben
Nr. 861).

Die drei Linden (ebendaselbst Nr. 854).
Das Hohe Haus (Roßmarkt Nr. 827).
Kleinseite: Der Gasthof zum Bade
(Badgasse Nr. 286). u. s. w.

Gebäude (ausgezeichnete).

a. Geistliche. Die Domkirche zu St. Veit (Hradschin, nächst der k. k. Burg).

St. Adalberts- oder Garnison-Kirche (Altstadt, Zeltnergasse).

Die St. Adabertskirche auf der Neustadt (Gärbergasse).

Die Allerheiligen-Kirche, am Theresianischen Damenstift (Hradschin, Georgsplatz).

Die St. Appollinariskirche (Neustadt, am Karlshofe).

Die Kirche der barmherzigen Brüder zu St. Simon und Juda (Altstadt, Barmherzigengasse).

Die St. Bartholomäuskirche, am Bürgerspital (Neustadt, Podskal).

Die St. Clemenskirche (im Collegium Clementinum).

Das Theresianische Damenstift (Hradschin, Georgsplatz Nr. 2).

Das freiweltadeliche Damenstift, auch Engelsstift genannt (Altstadt, Königshof- und Röhrgasse Nr. 655).

Die Dominikanerkirche des heiligen Aegidius (Altstadt, Dominikanergasse).

Die Dreifaltigkeitskirche (Brentegasse).

Das Kloster und die Kirche der Elisa=
bethinernonnen (Neustadt, Sluppergasse).

Das Stift Emaus mit der Kirche des
heiligen Hieronymus (Neustadt, Viehmarkt).

Die St. Georgskirche (Hradschin, Georgsplatz).

Die St. Heinrichskirche (Neustadt, Hein=
richsgasse).

Die Kirche St. Ignaz (Neustadt, Viehmarkt).

Die Kirche St. Johann von Nepomuk
in Skalka (Neustadt, Viehmarkt).

Die St. Josephskirche auf der Neustadt
(auf dem Josephsplatz).

Die St. Josephskirche auf der Kleinseite
(Josephsgasse).

Die italiänische Capelle (Altstadt, Je=
suitengasse).

Die Kajetanerkirche (Kleinseite, Spornergasse).

Die Kirche der Kapuziner zu Maria
Geburt (Hradschin, Loretoplatz).

Die Karmeliterkirche St. Maria de
Victoria (Kleinseite, Karmelitergasse).

Die Kirche der Karmeliternonnen (Hrad=
schiner Platz).

Das Kreuzherren=Stift und die Kirche

des heiligen Franz Seraphicus (Altstadt, Brückenplatz).

Das Grandpriorat und die Kirche des Maltheserordens (Kleinseite, erster Maltheserplatz).

Die Kirche zu Maria de Loreto (Hradschin, Loretoplatz).

Die Kirche zur Himmelfahrt Mariens am Karlshofe (Neustadt, Karlshofer Gasse).

Die Kirche zu Maria Schnee (Neustadt, Franciskanerplatz).

Die Kirche zu St. Nikolaus (Kleinseite wälscher Platz).

Die Kirche zu St. Peter (Neustadt, Peters-straße).

Die Kirche St. Peter und Paul auf dem Wyssehrad.

Die Piaristenkirche (Neustadt am Graben).

Die protestantische Kirche, sonst St. Michael (Neustadt, Opatowitzer Gasse).

Die St. Salvatorkirche im Collegium Clementinum (Altstadt, Brückenplatz).

Die St. Stephanskirche (Neustadt, Stephans-gasse).

Das Prämonstratenserstift Strahow, mit der Kirche Maria Himmelfahrt (Hradschin, Strahower Platz).

Die Theinkirche (Altstädter Ring).

Die St. Thomaskirche (Kleins., Josephsgasse).

b. Oeffentliche und landesfürstliche.
Die k. k. Hofburg, auf dem Hradschin Nr. 1.

Das Militärbackhaus (Neustadt, Pflastergasse Nr. 1006).

Das Collegium Clementinum, ein un-
geheueres Gebäude, berührt mit seinen vier Seiten zwei
Plätze und drei Straßen (Altstadt, Marien- und Brückenplatz Nr. 190).

Das k. k. General-Commando-Gebäude
und Wohnung des commandirenden Generals in Böhmen
(Altstadt, Zeltnergasse Nr. 587).

Das k. k. Hauptzollamts-Gebäude
nebst der Haupt-Postamts-Expedition und
dem Bücher-Revisionsamt (Neustadt, Hibernerplatz Nr. 1037).

Altstädter Rathhaus, der Sitz des Judicial-
und des politischen Senats, des Wechselgerichts, woselbst
sich auch das Expedit-, Einreichungs-Protokoll, die Stadt-
bücher-Verwaltung, die Registratur, das Tax- und Depo-
sitenamt, die Magistratsbuchhaltung, das Conscriptionsamt
für Prag, Stadtwagamt, Fischamt und der Salzverschleiß
befinden (Altstädter Ring Nr. 1).

Das Neustädter Rathhaus mit dem
Kriminal-Senat und den Gefängnissen (Viehmarkt Nr. 1).

Das ständische Theater (Altstadt, Ritter= straße Nr. 540).

Das Universitätsgebäude mit den theo= logischen, juristischen und medicinischen Hörsälen, dem ana= tomischen Theater, den anatomischen und akologischen Ca= bineten, chemischen Laboratorium, den Promotionssälen und den Sitzungssälen der Facultäten und der ökonomisch= patriotischen Gesellschaft (Altstadt, Galliplatz Nr. 541).

Das allgemeine Zeughaus (auf dem Wyssehrad).

Das Artillerie=Zeughaus (Kleinseite, Au= gezder Gasse Nr. 450).

c. Privat=Gebäude. Die erzbischöf= liche Residenz (Hradschiner Platz Nr. 56).

Das Ahsbahs'sche Haus (Neustadt, Pflaster= gasse Nr. 1035 und 1036).

Der Palast des Grafen von Clam= Gallas (Altstadt, Jesuitengasse Nr. 158).

Das gräflich Czernin'sche Haus (Hrad= schin, Loretoplatz Nr. 101 und 102).

Der fürstlich Kinskische Palast (Alt= städter Ring Nr. 936).

Das gräflich Kinskische Haus (Pflaster= gasse Nr. 1033).

Das gräflich Kolowrat'sche Haus und Garten (Kleinseite, Insel Kampa Nr. 506).

Das gräflich Lebebour'ſche Haus (Kleinſeite, wälſcher Platz Nr. 258).

Das gräflich Morzin'ſche Haus (Kleinſeite, Spornergaſſe Nr. 256.

Die fürſtlich Schwarzenberg'ſchen Häuſer (Hradſchin Nr. 185 und 186).

Die Häuſer der Grafen Franz und
Joſeph von Thun (Kleinſeite, Spornergaſſe Nr. 214
und Pfarrgaſſe Nr. 180).

Der Palaſt Sr. k. Hoheit des Groß-
herzogs von Toskana (Hradſchiner Platz Nr. 182).

Der gräflich Waldſtein'ſche Palaſt
(Kleinſeite, Waldſteiniſcher Platz Nr. 17).

Kaffee- und Speiſehäuſer (die bedeutendſten und beſuchteſten).

Die blaue Weintraube, nächſt dem Theater
(Altſtadt, Königsſtraße Nr. 580).

Der Tempel (Altſtadt, Zeltnergaſſe Nr. 589).

Das Steinitziſche Kaffeehaus (Kleinſeite,
Brückengaſſe Nr. 54).

Kunſthandlungen.

M. Berra (Altſtadt, kleiner Ring Nr. 459).

Bohmanns Erben (Altſtadt, Zeltnergaſſe Nr. 561).

F. Zimmmer (Altstadt, Jesuitengasse Nr. 452).

W. A. Ryba (Altstadt, Jesuitengasse Nr. 185).

Leihbibliotheken.

K. Barth (Galliplatz, im Universitätsgebäude Nr. 541).

G. Junghans, musikalische (Altstadt, Jesuitengasse Nr. 182).

Pässe.

Die Pässe der Ankommenden werden gegen einen Empfangschein an die k. k. Stadthauptmannschaft abge=geben, woselbst die Aufenthaltserlaubniß ertheilt wird, und bei der Abreise erhält der Fremde seinen Paß zurück.

Die Zahl der eingelaufenen Pässe belief sich im Jahre 1829 nach dem Paßprotokoll der k. k. Stadt=hauptmannschaft auf 51,333. Darunter waren In = und Ausländer 16,074, Handwerksburschen 17,059, und Ju=den 18,200.

Postwesen.

Das k. k. Postamt (Kleinseite, Karmelitergasse Nr. 388), wo sowohl Briefe aufgegeben — zu diesem Be=hufe ist jedoch auch auf der Altstadt (Zeltnergasse Nr. 598) eine Filial-Briefpost errichtet, woselbst man auch Postboten zur Versendung über Land erhalten kann — als die Postpferde für Reisende bestellt werden.

Postwagens-Expedition im Haupt-Zollamts-Gebäude (Hibernerplatz Nr. 1037).

Abgehende Eil-, Malle- und Packposten und Diligencen.

Eilpost über Iglau nach Wien, Grätz, dann nach Preßburg, Ofen und Pesth: Mittwoch 5 Uhr Abends, Freitag 6 Uhr Morgens, dann Samstag und Sonntag 5 Uhr Abends; — über Wessely nach Wien, Grätz, Laibach, Triest, Mailand, nach Preßburg, Ofen und Pesth: Montag und Freitag 5 Uhr Abends; — über Teplitz nach Dresden, Leipzig und Berlin: Montag und Donnerstag 6 Uhr Abends.

Mallepost nach Linz, Tyrol, die Lombardei und die Schweiz: Samstag 6 Uhr Morgens; — nach Saaz, Kommotau, Sebastiansberg, Chemnitz und Leipzig: Samstag 5 Uhr Abends; — nach Reichenberg in Verbindung mit der Diligence nach Zittau, dann Friedland, Görlitz, Berlin, Frankfurt an der Oder: Mittwoch 4 Uhr Nachmittags; — nach Leitmeritz, Böhmisch-Leippa, Haida und Rumburg: Freitag 5 Uhr

Abends; — über Rumburg nach Dresden: Sonntag 4 Uhr Nachmittags; — über Pilsen nach Waldmünchen, Regensburg, München, Augsburg, Ulm, Stuttgard und das ganze südliche Deutschland: Samstag 7 Uhr Abends.

Diligencen nach Karlsbad, Eger, Hof und ins nördliche Deutschland: Dienstag 12 Uhr Mittags; — nach Pilsen, Eger, Asch, Hof und ins nördliche Deutschland: Donnerstag 7 Uhr Abends.

Packpost nach Wien, Grätz, Laibach, Triest, Fiume, Görz: Montag 6 Uhr Abends; — nach Wien, von Czaslau nach Brünn ins österreichische und preußische Schlesien, Klagenfurt, Venedig, Padua, Rom, dann nach Ofen und Pesth, und alle 14 Tage nach Semlin und Herrmannstadt: Donnerstag 8 Uhr Abends; — nach Wien, von Iglau nach Brünn, Lemberg und Brody, Warasdin, Agram und Karlstadt, Grätz, Laibach und Fiume, dann nach Ofen und Pesth, und alle 14 Tage von da nach Kaschau: Samstag 7 Uhr Abends; — nach Linz, Tyrol, in das lombardisch venetianische Königsreich, die Schweiz und Savoyen: Mittwoch 9 Uhr Abends; — über Laun nach Dresden, Leipzig u.s.w. Dienstag 5 Uhr Abends; — über Lobositz, Teplitz nach Dresden und Leipzig: Donnerstag 6 Uhr Abends.

In den Sommermonaten, und zwar vom 15. Juni
bis 15. September gehen Sonntag und Mittwoch
Abends 6 Uhr Eilwagen nach Karlsbad, und kommen
von da Donnerstag und Sonntag früh zurück,
und in derselben Zeitperiode geht auch alle Dienstage
Abends 6 Uhr ein Eilwagen von Teplitz nach Carlsbad, und langt Freitag früh zurück. Endlich geht
während dieser Zeit alle Sonntage Mittags 12 Uhr
ein Packwagen von Prag nach Carlsbad, und kommt
am Donnerstag früh zurück.

Die Eilposten nehmen nur auf die Endpunkte
der Fahrt geldbeschwerte Briefe, die Malleposten
aber auf jeder Station einer jeden Postroute nebst geldbe-
schwerten Briefen auch Fracht- und schwerere Geldsendun-
gen bis höchstens 50 Pfund; nach und über Linz jedoch
letztere nur bis 10 Pfund mit.

Frachtstücke in das Ausland, dann nach Ungarn, in
die Seehäfen Triest, Venedig und Fiume, nicht
minder nach Krakau und Brody, hat der Aufgeber
früher zu verzollen, und die Zollbollette beizubringen. Sen-
dungen nach Baiern, Frankreich, den Niederlanden und Preußen sind mit einer besonderen und
ausführlichen Declaration des Inhaltes zu versehen.

Reisende vom Civil, sie mögen sich des Eil- oder
Postwagens bedienen, haben sich mit einem Erlaubnißschein
von der k. k. Polizeidirection, jene vom Militär aber vom

k. k. Stadt = und Festungskommando zu versehen, und diesen Schein vor der Abfahrt im Bureau der fahrenden Posten abzugeben, ohne welchen Niemand befördert werden kann. Einige Tage vor der Abfahrt des Wagens melden sie sich bei der k. k. Haupterpedition fahrender Posten, wo sie nach Entrichtung der ganzen Gebühr aufgenommen werden, und einen gedruckten Vormerkschein erhalten, den sie wohl aufzubewahren, und am Endpunkte ihrer Reise abzugeben haben. — Das einmal für die Eilpost bezahlte Passagier= geld wird in keinem Falle zurück erstattet, und dieser Schein ist nur für die Reise gültig, für welche er ausgestellt ist.

Jeder Reisende mit dem Eil= und Postwagen kann an Gepäck 50 Pfund, wenn er einen Sitz im Innern des Wagens, und 35 Pfund, wenn er ihn außer dem Wagen genommen hat, unentgeldlich mitführen. Die mit dem Eil= wagen Reisenden können aber 20 Pfund in dem Eilwagen mit sich nehmen, und demjenigen, welcher einen Platz im Innern des Wagens gelöst at, werden auch noch 30 Pfund portofrei auf dem Brancardwagen voraus gesendet, wor= über dem Passagier ein Aufgabsrezepisse ausgefertigt wird, gegen welches sodann die Ausfolgung der Bagage statt findet. Für das Uebergewicht muß das tarifmäßige Porto vor der Abfahrt bezahlt werden.

Die Reisenden haben ihr Gepäcke den Tag vor der Abreise in die Hauptpostwagens=Expedition abzugeben, an dem Abfahrtstage aber eine halbe Stunde vor der zur

Abfahrt bestimmten Zeit zu erscheinen, und jedes einzelne Stück des Gepäckes muß mit der Adresse und der Angabe des Abfahrtsortes versehen seyn.

An die Postillione ist von jenen Reisenden, welche sich des Eilwagens bedienen, kein Trinkgeld zu bezahlen, auch darf für das Auf= und Abpacken des Gepäckes nichts entrichtet werden. Tabakrauchen aus wohlverschlossenen Pfeifen wird nur dann gestattet, wenn sämmtliche Reisende damit einverstanden sind.

Außer den an den bestimmten Tagen abgehenden Eilwagen können auch 4 oder 6 Personen für sich allein, ohne Begleitung eines Kondukteurs nach Wien und von dort nach Prag, mittelst einer Separatfahrt und mit Beigebung eigener Stundenpässe in eben dem festgesetzten Zeit= maß befördert werden, nur müssen solche Separatwagen einige Tage vor der Abfahrt bestellt werden.

Auf gleiche Weise werden auch in Fällen, wenn im Eilwagen alle Sitze bereits besetzt sind, und sich mehrere Personen, wenigstens vier, vorfinden sollten, die an dem Abfahrtstage des Eilwagens nach Wien oder Prag zu reisen wünschten, eigene, eben so bequeme Beikaleschen, oder bei einer größeren Anzahl von Personen auch ganz geschlossene sechssitzige Wagen beigegeben.

Es bleibt bei den Separatfahrten den Reisenden überlassen, unter Weges zu übernachten, jedoch muß die Poststation, wo übernachtet wird, angegeben werden, um nach dieser Bestimmung die weitere nöthige Einleitung bei den Poststationen treffen zu können.

Briefposten (abgehende).

Ueber Iglau nach Wien, Ungarn, Siebenbürgen, Bannat, Steiermark, ins Küstenland, Mähren, österreichisch Schlesien, Polen und Rußland: Sonntag, Mittwoch, Freitag und Samstag 3 Uhr Nachmittags, Dienstag und Donnerstag 10½ Uhr Morgens.

Ueber Tabor nach Linz und Wien, Ungarn, Siebenbürgen, Bannat, Steiermark, das Küstenland, Salzburg, Passau, Tyrol, die Schweiz und Italien: Montag und Freitag 3 Uhr Nachmittags.

Ueber Tabor und Budweis nach Linz, Salzburg, Passau, Tyrol, Schweiz und Italien: Mittwoch und Freitag 6 Uhr Abends.

Ueber Pilsen nach Nürnberg, Augsburg, den preußischen Rheinprovinzen, Frankfurt und Mainz, Baiern, Würtemberg, Baden, Niederlande und Luxemburg: Mittwoch und Samstag 3 Uhr Nachmittags.

Ueber Königsaal nach Pisek: Dienstag und Samstag 3 Uhr Nachmittags.

Ueber Eger nach Schleiz, Weimar, Go-

tha, Coburg, Meiningen, Hildburgs=
hausen, Dänemark, Großbritannien, Frank=
reich, Spanien, Portugal und den nord=
amerikanischen Staaten, dann nach Carls=
bad und Franzensbrunn: Mittwoch und Sam=
stag 3 Uhr Nachmittags.

Ueber Sebastianberg nach Sachsen, Han=
nover, Braunschweig und Meklenburg: Mitt=
woch und Samstag 3 Uhr Nachmittags.

Nach Sachsen, Preußen, Oldenburg und
Hessen=Darmstadt, Hessen=Cassel, Hessen=
Homburg, Hamburg, Bremen, Nassau,
Fulda, Frankfurt am Main, Mainz, Frank=
reich, Spanien und Portugal, dann nach
Teplitz, Carlsbad und Marienbad: Montag
und Freitag 3 Uhr Nachmittags.

In die sächsische Ober=Lausitz, Preu=
ßen, Schlesien, einen Theil von Mähren, Schwe=
ben und Norwegen: Sonntag 1 Uhr, Donner=
stag 2½ Uhr Nachmittags.

Ueber Peterswalde nach Sachsen und Preu=
ßen: Sonntag, Dienstag, Donnerstag 3 Uhr
Nachmittags.

Ueber Rumburg nach der Lausitz: Freitag
3 Uhr Nachmittags.

Ueber Reichenberg nach Friedland: Mitt=
woch 2 Uhr Nachmittags.

Briefe nach der Türkei sind, um die von Wien
alle 14 Tage nach Konstantinopel abgehende Post nicht zu
verfehlen, spätestens am 13. und am vorletzten Tag jeden
Monats zu der Wiener Post aufzugeben.

In der jährlichen Periode vom 15. Mai bis 15. Sep=
tember geht auch eine tägliche Post nach Carlsbad,
Eger (Franzensbrunn) gleichfalls um 3 Uhr Nach=
mittags, und auf dem nämlichen Wege von Schlan,
Liebkowitz, Buchau, und werden unter dieser Jour=
nalpost außer den obenangezeigten Tagen auch noch am
Sonntage, Dienstage und Donnerstage Briefe
über Eger, Sandau, Marienbad ausgefertigt.

Während dieses Zeitraums unter einer zugleich be=
stehenden täglichen Post zwischen Carlsbad und Tep=
litz werden nach Teplitz auch am Samstag über
Saaz und nach Saaz und Brür, nebst am Mitt=
woch und Samstag gerade über Laun, auch am Sonn=
tage, Montage und Donnerstage über Lieb=
kowitz, dann nach Poderßam, nebst am Montage
und Samstage, auch an den übrigen Tagen über Lieb=
kowitz Briefe abgefertigt.

Briefposten (ankommende.)

Ueber Iglau von Wien, Ungarn, Sieben=
bürgen, Bannat, Steiermark und dem Küsten=

lande: Montag, Mittwoch, Freitag und Samstag um 10 Uhr Morgens, Dienstag um 1¼ Uhr Nachmittags.

Ueber Tabor von Wien, Ungarn, Siebenbürgen, Bannat, Steiermark und dem Küstenlande: Sonntag 10 Uhr Morgens, Donnerstag 1¼ Uhr Nachmittags.

Ueber Tabor und Budweis von Linz, Salzburg, Passau, Tyrol, der Schweiz und Italien: Dienstag und Samstag 4¼ Uhr Nachmittags, Freitag 7 Uhr Morgens.

Ueber Königsaal von Pisek: Montag 11 Uhr Mittags und Freitag 7 Uhr Morgens.

Ueber Pilsen von Nürnberg, ganz Baiern, den preußischen Rheinprovinzen, Würtemberg, Baden, Niederlanden, Luxemburg, Frankfurt und Mainz, Hessen = Darmstadt und Homburg und Nassau: Mittwoch und Samstag 8 Uhr Morgens.

Ueber Eger aus Sachsen, Preußen, Hamburg, Hessen=Cassel, Frankfurt, Mainz, Weimar, Gotha, Coburg, Meiningen, Hildburgshausen und Baiern, dann aus Carlsbad, Marienbad und Franzensbad: Dienstag und Freitag 7 Uhr Mittags.

Ueber Sebastiansberg aus Sachsen, Preu=

ßen, Hannover, Braunschweig, Meklen=
burg, Hamburg, Bremen, Lübek, Olden=
burg, Hessen=Cassel, Frankfurt am Main,
Mainz, Baiern, Carlsbad und Franzens=
brunn: Montag und Donnerstag 8½ Uhr Morgens.

Ueber Peterswalde aus Sachsen, Teplitz,
u. s. w.: Sonntag 7 Uhr Morgens und Donner=
stag 8½ Uhr Morgens.

Aus der Lausitz, Preußen, Schweden
und Norwegen: Sonntag und Donnerstag
7½ Uhr Morgens.

Von Breslau, ganz Schlesien, Preußen,
Mähren u. s. w.: Mittwoch und Samstag 11 Uhr
Morgens.

Ueber Rumburg aus Sachsen, Hannover,
Braunschweig und Meklenburg: Mittwoch
und Samstag 7½ Uhr Morgens.

Ueber Reichenberg von Zittau und Fried=
land: Freitag 7 Uhr Morgens.

Briefe aus der Türkei kommen mit der alle
14 Tage aus Konstantinopel über Wien gehen=
den Post die ersten Tage des Anfangs und in der Mitte
jeden Monats hier an.

In der jährlichen Periode vom 15. Mai bis 15. Sep=
tember kommt auch eine tägliche Post von Eger (Fran=
zensbrunn) und Carlsbad an, und zwar außer

ben gewöhnlichen Tagen noch Mittwoch, Samstag und Sonntag auf dem Wege über Buchau, Liebkowitz, Horosiedl, Rentsch, Schlan, Střeboklut, und trifft auch früh ein. Unter dieser Journalpost langen die Briefe von Sandau, Plan, Marienbad, auch noch am Montage und Freitage früh, und um dieselbe Zeit am Sonntage statt Nachmittags ein. Während dieses Zeitraums unter einer zugleich bestehenden täglichen Post zwischen Teplitz und Carlsbad, langen aus Teplitz auch am Montage, und aus Saaz und Brüx außer Montags und Donnerstags, und aus Podersam außer Montags, Dienstag und Freitags, auch am Mittwoch, Samstag und Sonntag hier an.

Sammlungen (wissenschaftliche und Kunst-).

Das vaterländische Museum (Custoden: a. der Bibliothek: Herr W. Hanka; b. der zoologischen und botanischen Sammlungen: Herr Dr. K. B. Presl; c. der Mineralien-Sammlungen: Herr F. Zippe; d. die der ethnographischen: Herr J. Burde), am Hradschiner Platz Nr. 57.

Andere Sammlungen. a. Bücher. Die k. k. Universitätsbibliothek, im Collegium Clementinum, Marienplatz Nr. 190.

Die Bibliothek des Augustiner-Klosters
St. Thomas, Kleinseite Nr. 28.

Graf K. v. Clam-Martiniß, Hradschin, Nr. 181.

Die Bibliothek und das Archiv des
Domkapitels, Hradschin, bei der Domkirche selbst.

Die fürst-erzbischöfliche Hausbibliothek,
Hradschin Nr. 56.

Landgraf von Fürstenberg, Kleinseite Nr. 158.

Fürst R. von Kinsky, Aldstadt Nr. 606.

Graf F. v. Klebelsberg, Neustadt Nr. 144.

Die Bibliothek der Kreuzherren mit
dem rothen Stern, Altstadt Nr. 191.

Gubernialrath Krticzka von Jaden, Altstadt Nr. 446.

Fürst A. v. Lobkowiß, Kleinseite Nr. 374.

Graf E. v. Nostiß, Kleinseite Nr. 471.

Professor J. E. Mikan, im botanischen Garten
am Smichow.

Landrath von Schönherr, Altstadt Nr. 238.

Professor M. Schuster, Altstadt Nr. 562.

Graf F. v. Sternberg'sche Erben, Kleinseite Nr. 7.

Die Bibliothek des Prämonstratenser-
stifts Strahow, auf dem Hradschin Nr. 132.

Zum Behufe der k. k. Universität bestehen folgende
Privatbibliotheken: 1. für die chirurgisch-praktische Schule,
1811 von Professor Friß angelegt; 2. für die praktisch-

geburtshilfliche Schule, 1819 von Professor Jungmann gegründet, welcher zur Gründung derselben seine eigenen Bücher zur Benützung hergab; 3. für Augenheilkunde, von Professor Fischer gestiftet. Im Jahre 1822 stiftete Professor Pleischl den chemisch = pharmaceutischen Leseverein, und somit auch eine chemisch = pharmaceutische Bibliothek.

b. Gemälde. In den Zimmern der k. k. Burg, Hradschiner Platz Nr. 1.

Dompropst Caroli, Hradschin Nr. 48.

Gallerie der Gesellschaft patriotischer Kunstfreunde (Galleriedirector Herr Johann Burde), Hradschiner Platz Nr. 57.

Herr von Heinecke, Kleinseite Nr. 378.

Gubernialrath Herget, ebendaselbst Nr. 5.

Gubernialrath Janko, ebendaselbst Nr. 34.

Dr. Joseph Kanka, Altstadt Nr. 575.

Graf F. v. Klebelsberg, s. o.

Graf E. v. Nostitz, s. o.

J Ploner, Neustadt Nr. 1001.

Landrath Schönherr, s. o.

Schubert, Kleinseite Nr. 42.

Stadtrath Schütz, Altstadt Nr. 404.

Graf J. Thun, Kleinseite, Nr. 180.

Graf F. v. Wrtby, Neustadt Nr. 1002.

Kunsthändler Zimmer, Altstadt Nr. 430.

c. Kupferstiche. Herr J. Burde, Hradschiner Platz Nr. 57.

Graf K. v. Clam=Martiniß, f. o.

Graf F. v. Klebelsberg, f. o.

Graf E. v. Nostiß, f. o.

Graf J. v. Sternberg f. o.

d. Statuen. Gypsabgüsse von Anti-
ken, in der Akademie der zeichnenden Künste, Collegium
Clementinum, f. o.

Graf E. v. Nostiß, f. o.

e. Geschnittene Steine. Fürst Rudolph
v. Kinsky, f. o.

f. Münzen. Graf K. von Clam=Marti-
niß, f. o.

Landgraf von Fürstenberg, f. o.

Fürst R. v. Kinsky, f. o.

Das National=Museum, f. o.

Graf J. v. Nostiß, Neustadt, Pflastergasse Nr.1024.

Graf F. v. Sternberg, f. o.

g. Alterthümer, Manuscripte und
Bücher. Im Altstädter Rathhaus Nr. 1.

h. Modell= und Maschinensammlung des
polytechnischen Instituts, Altstadt, Dominikanergasse Nr.240.

i. Naturalien. Das k. k. Naturalien=
cabinet (Director Herr Professor J. S. Presl):
Im Collegium Clementinum, Altstadt Nr. 190.

Mineralien = und Conchilienſamm=
lung der gräflich Morzin'ſchen Erben, Klein=
ſeite, Spornergaſſe Nr. 256.

Mineralien = Sammlung des Grafen
E. Pötting, Kleinſeite, erſter Maltheſerplatz Nr. 482.

Naturalien=Sammlung des Stiftes Stra=
how, ſ. o.

Mineralien=Sammlung des Grafen J. P.
Hartmann von Klarſtein, Neuſtadt, Heinrichs=
gaſſe Nr. 901.

k. Anatomiſche Cabinete. In der Uni=
verſität, Altſtadt, Galliplatz Nr. 541.

Herr Profeſſor G. Ilg, ebendaſelbſt.

Herr Profeſſor V. J. Krombholz, Altſtadt,
Königsſtraße Nr. 560.

Das phyſikaliſche Cabinet (Vorſteher:
Herr Prof. C. Hallaſchka) im Collegium Clementinum.

Die k. k. Sternwarte (Aſtronom: Herr
Profeſſor A. David) ebendaſelbſt.

Steindruckereien.

G. Haaſe Söhne und Hennig, Altſtadt,
Jeſuitengaſſe Nr. 185.

J. Ritter v. Schönfeld, Altſtadt, Annaplatz Nr. 211.

J. Zwettler, Neuſtadt, Neue Allee Nr. 116.

Thorsperre.

Vom ersten November bis letzten Februar um acht Uhr Abends, im März und April um neun Uhr, und vom ersten Mai bis Ende Oktober um zehn Uhr; die Taxe für den späteren Einlaß ist 10 Kreuzer C. M.

Zeitschriften.

Die k. k. privilegirte (politische) Zeitung und die mit derselben verbundenen Unterhaltungs= blätter im Verlage bei G. Haase; ebendaselbst eine böhmische Zeitung; und eine zweite im Ver= lage des Ritter von Schönfeld, mit dem angehängten Wochenblatte Rozlicnosti von J. Linda.

Oekonomische Neuigkeiten und Ver= handlungen, herausgegeben von C. C. André und J. G. Elsner, bei J. G. Calve.

Jahrbücher für Natur= und Länder= kunde, Geschichte, Kunst und Literatur, und Časopis spolecnosti českého Museum, beide redigirt von F. Palacky, ebendaselbst.

Erinnerungen von Rainold.

Časopis pro katolické Duchowenstwo, Quartalschrift unter Leitung des fürst=erzbischöflichen Con= sisteriums.

Gindy a Nynj, Wochenblatt redigirt von Hybel.

———